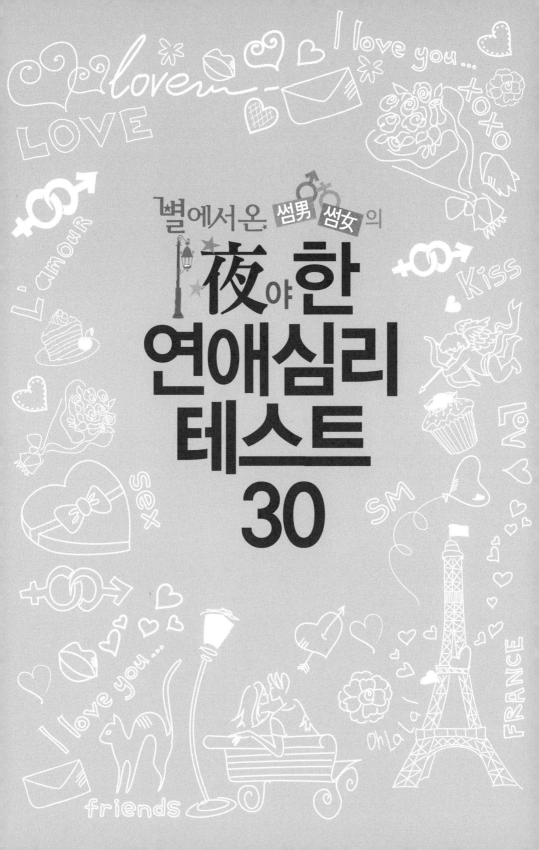

별에서 온 썸男 썸女의 夜야한 연애 심리 테스트 30

초판발행일 | 2016년 7월 1일
지은이 | AdlerInstitute of Psychology
편　저 | 김 소 원
펴낸이 | 김 민 철
펴낸곳 | 도서출판 문원북
디자인 | 디자인일 design_il@naver.com

출판등록 | 1992년 12월 5일 제4-197호
주소 | 서울시 마포구 토정로 222 한국출판콘텐츠센터 422
전화 | (02) 2634-9846
팩스 | (02) 2635-9846
이메일 | wellpine@hanmail.net
ISBN | 978-7461-274-0

별에서 온 썸男 썸女의

夜야한 연애심리 테스트 30

지은이 : Adler Institute of Psychology
편저 : 김 소 원

문원북
BOOK

Contents

008   1. 이 유리구두가 당신것이 맞나요?

014   2. 관람차를 좋아하세요?

022   3. 당신이 좋아하는 꼭지점은?

030   4. 굴뚝에 숨겨진 세 가지 마음

036   5. 남친과의 데이트와 친구, 어느 쪽을 선택할까?

044   6. 담배 연기가 상징하는 것은……

050   7. 여객기 동체착륙 생중계 성공? 실패?

058   8. 기쁨의 눈물을 흘리는 법

066   9. 나무에는 눈이 얼마나 쌓였을까요?

072   10. 혀가 잘린 참새의 치료법은?

080   11. 연인과 함께 수평선을 그립시다

086   12. 오두막집에 안에 사람이 몇명일까요?

094   13. 욕실전신을 비추는 거울, 먼저 어디를 볼까?

102   14. 충동구매는 얼마나 자주하나요?

110   15. 토끼와 거북이는 무엇을 걸고 경주했을까?

심층 심리 분석으로 썸남썸녀의 진심을 꿰뚫어 보는 책!

116   16. 카지노 주인의 선물

122   17. 드라큘라가 빨아먹은 피의 색깔은?

128   18. 로또에 당첨 되면?

136   19. 거북이의 마지막 한마디

144   20. 저울의 균형을 맞추기 위해 선택한 것은?

152   21. 경마 기수가 됩시다

156   22. 꽃을 피게 하는 할아버지에게 무슨 일이 일어났을까?

166   23. 몸 위에 기어 다니고 있는 것은……

174   24. 다람쥐가 이리에게서 도망칠 방법은?

182   25. 궁전에 불이 났다!

190   26. 좋아하는 뱃사공은 누~구?

198   27. 롤러코스터를 탈때 당신의 자리는?

206   28. 표류된 보트에 사람은 모두 몇 명일까?

214   29. 한밤에 발생한 지진으로 몇명이 죽었을까요?

222   30. 강 위에서 떠내려온 것은…… ?

남자와 여자의
연애 심리 테스트

1. 이 유리구두가 당신것이 맞나요?

왕자님의 신하가 드디어

신데렐라가 잃어버린 유리구두를 가지고 왔습니다.

그때 신데렐라는 기분이 어땠을까요?

① 두근두근 설레는 기분
② 왕자님과의 재회는 기대되지만 유리구두가 잘 맞을까
   불안하다
③ 유리구두를 신어 보는 것은 설레지만 마음 한 편에서
   자신이 처한 상황을 냉정하게 판단한다
④ 유리구두를 신어 보는 것도, 성에 가는 것도 불안하다

COMMENTARY

발은 종종 여성의 페니스를 상징합니다. 이 의미에서 생각해 보면, 신데렐라가 유리구두에 발을 집어넣는 것은 처음 삽입하는 순간을 투영합니다. 즉 이 테스트는 성행위 편이라 할 수 있습니다.

이 테마의 포인트는 두 가지. 유리구두를 신는 것에 대한 불안감과 자신에게 온 기회를 냉정하게 판단할 수 있느냐는 것입니다.

유리구두를 신는 것에 대한 느낌은 첫 섹스에 대한 육체적인 불안을, 기회에 대한 느낌은 정신적인 불안을 나타냅니다.

신데렐라는 자신이 신었던 유리구두가 자기 발에 꼭 맞을 것이라고 확신하고 있었다. 그리고 그 후의 장밋빛 인생에 대해서도 어떤 불안도 느끼지 않았을 것이다…….
즉 '두근두근 설렌다'고 대답한 사람은 첫 경험의 순간 어떤 불안감도 느끼지 않았다 또는 느끼지 않는다고 진단할 수 있습니다. 이름을 붙이자면 당신은 〈쉽게 흥분하는 타입〉이라 할 수 있습니다.

구체적으로 남성의 경우는 상대가 어떻게 느끼든 상관 없이 자신의 첫 도전에만 도취되어 흥분해 버리는 타입입니다. 여성의 경우도 거의 마찬가지. 잘 될까, 쾌감을 느낄 수 있을까 등 불안감은 전혀 없이 무조건 섹스를 즐기고자 합니다.
장밋빛 첫 경험임에는 틀림없지만 섹스 행위에는 함정이 있습니다. 제일 큰 합정은 임신 가능성이 있다는 것. 너무 쉽게 흥분하다 보면 그 사실을 잊어버릴지도.

②번을
선택한 사람

설레기는 하지만 유리구두가 잘 맞을지 불안하다'고 대답한 사람은 첫 섹스에 대해 마음의 준비는 되었지만 육체적으로 잘할 수 있을지 불안해 하고 실패하면 어떡하나 걱정하는 타입입니다. 이름을 붙이자면 〈두근두근 안면 창백 타입〉.

분명 당신은 첫 상대를 마음 속으로 깊이 사랑하고 100% 신뢰하고 있습니다. 상대가 원한다면 언제라도 나의 모든 것을 주겠다는 마음입니다. 그러나 말은 그렇게 해도 육체적으로는 태어나서 처음 하는 경험! 막상 때가 되면 어떡해야 좋을지 불안감이 올라와 괴로워집니다.
남성의 경우도 냉정한 척하지만 실제로 잘할 수 있을지, 발기가 되지 않으면 어떡하나 고민합니다. 하지만, 만일 그런 일이 일어나도 괜찮습니다. 첫 경험에서는 누구나 그런 법! 상대에 대한 마음이 100% 순수하다면 그것은 행복한 첫 경험이라고 할 수 있습니다. 분명 잊지 못할 추억이 될 것입니다.

유리구두는 내 거니까 당연히 잘 맞을 거야! 눈 앞에서 내가 구두를 신은 모습을 보면 언니들은 분명 놀랐겠지? 하지만, 그 다음 나에게는 대체 어떤 미래가 기다리고 있을까…… 왕자님과는 정말 재회할 수 있을까……. 불안을 느끼면서도 냉정하게 앞으로의 일을 생각한다고 답한 당신은 〈행복한 기분으로 첫 경험 타입〉이라고 할 수 있습니다.

여성이라면 빨리 첫 경험을 하고 싶다고 절망하고 있던 타입. 다만, 후회는 하지 않으면서도 마음 속 어딘가에서 정말로 이것으로 괜찮은 걸까 자기 자신에게 질문하고 있습니다. 남성이라면 첫 경험의 행위 자체는 즐겁지만, 그녀를 책임져야 하나 걱정되어 정신적 불안 쪽이 강한 타입입니다.

이 타입은 첫 경험이 평균 연령보다 높을 수 있습니다. 분위기에 휩쓸리지 않고 냉정하게 상대를 선택해 사랑하지만, 마지막 중요한 타이밍에 너무 생각이 깊어지는 듯합니다.

④ 번을
선택한 사람

당신은 모든 첫 경험에 대해 〈불안 투성이 타입〉입니다. 상대와 호텔 방에 들어가 샤워를 하고 만발의 준비를 끝냈습니다. 이제 겨우겨우 침대 위로 넘어뜨리거나 넘어뜨려지기 직전의 순간인데 당신은 여기에서 도망치고 싶다는 충동에 사로잡힙니다.

이 타입은 모든 일을 머리 속으로 일일이 생각하는 타입. 모처럼 애인과 한 단계 나아갈 수 있는 기회가 찾아왔는데 결국 그곳에서 도망쳐 상대와의 사이는 수포로 돌아갑니다. 침대에 눕기는 했지만 결국 몸이 굳어 아무것도 하지 못했다는 슬픈 이야기도 종종 들을 수 있죠.

그러나 이 테스트는 어디까지나 첫 경험의 순간을 맞이했을 때의 속마음을 진단하는 것입니다. 앞으로의 섹스 라이프가 전부 암흑일 것이라는 뜻은 아니므로 안심하시길! 섹스는 육체뿐만 아니라 정신까지 상대방에게 속속들이 드러내는 행위입니다. 그러니 육체와 정신의 긴장을 풀고 안정하는 것이 쾌락으로 향하는 첫걸음이라 할 수 있습니다.

2. 관람차를 좋아하세요?

꼭대기에서 내려다 보면 사람들이 콩알만하게 보인다
는 세계 최대의 관람차가 있습니다.

당신은 연인과 함께 그 관람차를 타기로 결정했습니다.
두 사람은 천천히 돌아가고 있는 승차구로 들어갑니다.

그렇다면, 당신은 지금 관람차의 어느 부근에 있을까
요?
A~E 중에서 선택해 보세요.

상상해 보세요

관람차의 특징은 높은 곳에 올라가는 것입니다. 이는 꿈해몽에서도 성적 욕구를 나타냅니다. 또한, 관람차에는 하나의 사이클이 있습니다. 사이클이란 반복뿐만 아니라 변화를 의미하기도 하죠. 즉 기승전결, 봄여름가을겨울과 같이 시작이 있으면 끝이 있다는 변화를 나타냅니다.

이 두 가지를 결합해 보면, 관람차가 점점 높은 곳으로 올라가는 행위는 성적인 클라이맥스를 상징합니다.

따라서 이 테스트를 통해 당신은 현재의 연애와 섹스가 만족스러운지 만족스럽지 않은지 〈애정도〉를 측정할 수 있습니다.

A를
선택한 사람

당신은 이제 막 사랑을 시작했거나 섹스라는 쾌락의 문을 이제 막 연 상황입니다. 클라이맥스에 도달하는 것은 아직 먼 이야기. 그때 기분이 어떨지 당신은 호기심과 상상이 걷잡을 수 없이 번져 아주 큰 기대감에 휩싸입니다.

그러나 상대방에 대해 잘 모르거나 섹스에 대한 지식이 부족하기에 마음 한 편에는 기대감과 비슷한 정도의 공포와 불안이 숨어 있는 듯합니다.

세계 최대의 관람차라 해도 어느 정도의 크기일지 상상하는 것은 당신의 몫! 불안으로만 가득 차면 작은 관람차가 되고 맙니다. 연애와 섹스의 즐거움을 알지 못한 채 당신은 관람차에서 내리고 말게 되겠죠. 사랑은 두 사람이 키워 가는 것입니다. 둘이 함께 가벼운 대화를 즐기며 커다란 원을 그리는 관람차를 만들어 가길 바랍니다.

조금만 더 있으면 절정에 달하는 B라고 답한 사람은 어쩌면 가장 행복한 상황에 있는 사람이라고 할 수 있습니다. 당신은 지금 매일매일이 두근거리는 상태. 애인과 데이트하는 날이 매우 기다려지고 무의식 중에 히죽거리게 됩니다. 상대방에게도 그런 당신의 마음이 전해져 사랑이 점점 깊어지고 있는 두 사람의 모습이 상상됩니다.

단 여기에서 당신에게 조언 한마디! 행복을 지속시키는 비결은 지나치게 욕심을 부리지 않는 것입니다. 조금 더 한 단계 높은 클라이맥스를 맛보고 싶다고 욕심을 부리면, 상대방은 당신에게 점점 싫증을 느낄 가능성이 큽니다. 적당한 행복을 즐기며 사랑을 키워 가세요. 정상에 서면 그 후에는 내려가는 일만 남습니다. 신선한 설렘을 느끼고 있는 당신은 어디에서나 빛나 보일 것입니다.
행복을 손에 넣었다면 그 다음에는 행복을 오래도록 유지하기 위해 노력해야 합니다. 그래야 비로소 진정한 행복을 잡을 수 있습니다.

C를
선택한 사람

가장 높은 곳은 달 모양으로 비유하면 보름달과 같은 상태. 클라이맥스 자체를 나타냅니다. 지금 당신의 연애와 섹스는 당신을 충분히 만족시키고 있는 듯합니다. 상대가 주는 사랑이라는 이름의 물은 당신의 마음을 충분히 윤택하게 만들어 주고 있으며, 섹스에 대해서도 당신은 새로운 경지를 찾은 기분으로 만족하고 있다고 할 수 있습니다.

그러나 기고만장하지 말길! 상대방도 당신처럼 120% 만족하고 있다고는 할 수 없기 때문입니다. 예를 들어 섹스할 때 당신은 가만히 누워 수동적으로 아무 것도 하지 않고 만족을 얻고 있을지도 모릅니다. 이런 사람은 상대방이 부족하다고 대답해도 어쩔 수 없습니다.

섹스뿐만 아니라 애정 표현도 적극적으로 해보세요. 혼자가 아니라 둘이 함께 클라이맥스를 체험해야 진정한 행복이라고 할 수 있겠죠. 설마……하는 생각이 드는 사람은 애인에게도 이 테스트를 시켜 보세요. 납득할 수 있는 답이 얻어지면 좋겠네요.

관람차가 클라이맥스를 지나 서서히 밑으로 향하고 있어도 당신은 아직 만족감에 휩싸여 있습니다. 당신은 현재의 연애와 섹스에 대해 80~90% 만족하고 있는 듯합니다.

예를 들면 이 상황은 결혼을 결심하기 전인 커플의 심리 상태라 할 수 있습니다. 한번 더 관람차를 탈 마음이 있는지 없는지를 알 수 있는 부분이죠. 영원히 돌아가는 관람차에 타도 좋다고 생각하는 사람은 현재 사귀는 사람과 결혼까지 생각하고 있는 것입니다. 아니면 일단 관람차에서 내려 다른 상대와 함께 더 타겠다는 생각을 하고 있을 수도. 답은 여러 가지이지만, 어쨌든 당신은 아직 연애의 훌륭함, 섹스의 쾌락에 기대감을 가지고 있다고 할 수 있습니다.

연애에도, 섹스에도 반드시 파도는 있는 법입니 다. 정상을 지났더라도 포기하지 말고 다시 클라이맥스에 도달할 수 있도록 끝없이 도전해 보세요.

당신은 현재 상대와의 연애에 지쳐 거의 포기 상태에 이르렀습니다. 행복의 절정을 느낀 적이 있었는데 요즘은 데이트와 섹스 모두 매너리즘화. 정신적인 만족을 좀처럼 얻을 수 없게 되었군요.

어쩌면 상대가 다른 사람에게만 관심을 가지고 자신에게 집중해 주지 않는 상태일지도 모르겠습니다. 원인은 다양하겠지만, 어쨌든 지금 당신은 사랑에 굶주림을 느끼고 있는 듯합니다. 당신은 내적인 압박으로 인해 하나의 결단을 강요 당하고 있습니다. 이대로 관람차를 계속 탈지 아니면 혼자 관람차에서 내려 다음 관람차를 기다릴지.

다만, 이 결단은 어느 쪽을 선택해도 미래에 대한 희망에 휩싸인 것입니다. 사랑을 다시 불태우는 것, 새로운 만남을 기다리는 것 모두 새로운 클라이맥스가 기다리고 있기 때문입니다. 이 상황을 우울하게 여기지 말고 자신을 객관시하면서 밝은 미래의 문을 열어 봅시다.

3. 당신이 좋아하는 꼭지점은?

다음 그림을 보세요.
삼각형이 2개 겹쳐 있고, 꼭지점이 6개 있습니다.

당신이 좋아하는 꼭지점은 무엇인가요?
ABC……로 대답해 주세요.

선택해 보세요

COMMENTARY

이 테스트로는 당신의 애집 성향을 파악할 수 있습니다. 애집이란 애정에 끌리거나 욕망에 사로잡혀 집착한다는 의미. 여기에서는 당신의 잠재의식 속에 옛사랑이 남아 있는지 아닌지를 알아봅시다.

문제의 그림 속에는 눈에 보이지 않는 축이 2개 있습니다. 중심점에서 가로로 늘어져 있는 것이 시간 축으로 오른쪽은 미래, 왼쪽은 과거를 나타냅니다. 세로로 늘어져 있는 축은 위쪽이 외부인 세계, 아래쪽이 내면인 자기를 나타냅니다. 이 두 포인트를 통해 당신의 애집 성향을 분석합니다.

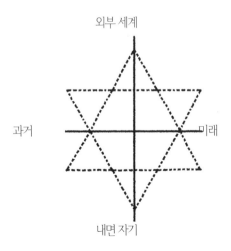

당신은 옛사랑에 대해 계속 애집을 가지지는 않습니다. 기본적으로 당신은 자신의 의견을 표출하는 타입입니다. 따라서 만약 차이더라도 술을 마시며 애인에 대한 마음이나 미움, 원한을 토로하고 만취함으로써 다음날 아침 바로 상대방을 잊어버립니다. 물론 그런 당신이 스스로 상대를 다시 떠올리는 일도 없죠.

전 애인은 과거의 사람일 뿐. 당신은 현재의 자신을 똑똑히 바라보고 적극적으로 살기 위해 노력합니다. 주변 사람들은 "그렇게 쉽게 잊을 수 있어?"라며 당신을 오해할지도 모릅니다.

하지만, 당신은 사실 마음 속으로 갈등하고 있습니다. 상대를 잊자고 결심했지만, 혼자 울 때도 있죠. 괴로움은 금방 지나갈 것입니다. 일단 종지부를 찍은 사랑을 바로 청산할 수 있는 것이 당신입니다. GOING MY WAY! 힘내세요.

당신은 애집 성향이 가장 없는 타입입니다. 더 이상 좋은 사람을 없을 것이라며 사랑의 도피라도 떠날 듯 연애를 하다가도 결정적인 결말이 오면 천하태평. 과거 일은 바로 잊고 적극적으로 새로운 애인을 찾아 떠날 수 있는 사람이죠. 따라서 설사 한번 헤어진 사람이 다시 관계를 되돌리기 위해 당신에게 접근해도 당신은 결코 돌아가지 않습니다.

또 애정이 식어버린 상대와 사귀는 것도 싫어합니다. 그것은 정이 별로 없어서가 아닙니다. 당신은 미래와 외부에 대한 의식이 강하기 때문에 전환이 빠른 것처럼 보일 뿐입니다. 이런 적극적인 타입은 헤어져도 바로 다음 타깃을 찾아 열심히 사랑할 수 있습니다.

즉 항상 신선도가 높은 사랑을 할 수 있는 연애고수! 주변 사람들이 "남자를 너무 좋아해", "여자를 너무 좋아해"라고 비웃어도 절대 기죽지 않습니다. 사랑을 거름 삼아 스스로를 차츰 단련시키세요.

3. 당신이 좋아하는 꼭지점은?

당신은 B를 선택한 사람 다음으로 애집 성향이 없는 타입이라 할 수 있습니다. 기본적으로는 미래지향적이기 때문에 적극적. B와 마찬가지로 결말을 맞은 사랑에 집착하지 않습니다. 그러나 B타입과 다른 점이 있습니다.

바로 사랑에 대한 직감, 신기한 예감을 믿는다는 것! 직접 다음 타깃을 적극적으로 찾지는 않지만, 새롭게 알게 된 사람과 교감이 느껴지는지 아닌지 알아내기 위해 안테나를 바짝 세우고 있으니까요. 당신의 그런 직감은 거의 틀리지 않습니다. 그런 당신에게는 외모적인 이상형이 거의 없는 것 같습니다. 키가 크든 작든, 핸섬하든 미인이든 당신의 사랑에는 전혀 영향을 미치지 않으니까요.

당신의 손가락에는 몇 가닥의 실이 매어져 있습니다. 거리에서, 학교에서, 그리고 직장에서 그 붉은 실을 끌어당겨 주인을 만날 수 있습니다.

D를 선택한 사람은 자신의 내면을 주시하고 있는 사람이므로 사랑에 대해서도 항상 자기 방식이 중요합니다. 과거에 이끌리지도, 미래에 얽매이지도 않죠. 어쨌든 당신은 현재의 내 마음에 솔직하자고 생각합니다.

따라서 만약 헤어진 상대가 한번 더 만나달라고 한다면 자신이 원하는 방향으로 결론을 내립니다. 결코 단번에 거절하지는 않습니다. 한편으로는 헤어진 순간부터 자신의 실연을 냉정하게 직시하고 생각을 정리하는 타입이기 때문에 분위기에 휩쓸리다가도 확실히 거절할 수 있습니다.

그러나 헤어지고 몇 년이 지난 후 결혼한 옛 연인이 눈 앞에 나타나면 프라이드가 높은 당신은 상대방을 똑바로 쳐다볼 수 없을지도 모릅니다. 기분은 이해하지만, 충격을 받을 필요는 없습니다. 왜냐하면 그때는 분명 당신 옆에 멋진 상대가 있을 테니까요.

당신은 애집 성향이 매우 강한 사람입니다. 마음 속에 그 혹은 그녀에 대한 마음을 오랫동안 간직하고 있어 다음 애인을 찾기까지 아주 오랜 시간이 걸립니다. 종종 실연의 원인이 자신에게 있다고 스스로를 질책하기도 하고, 그때 그렇게 하지 않았다면, 그렇게 했다면 헤어지지 않았을 것이라고 계속 후회하며 삽니다.

이 타입도 저질인 사람은 음습한 방법으로 상대에 대한 미련을 어필합니다. 헤어진 사람에게 밤 늦게 전화를 걸어 아무 말도 하지 않거나 집 앞에서 무작정 기다리기도 하죠. T를 선택한 사람은 본래 그런 자질이 있음을 자각해야 합니다. 그리고 범죄나 병으로 이어지지 않도록 상대를 단념하기 위해 노력하세요. 실연을 당해도 방에 틀어박혀 있어서는 안 됩니다.

우울할 때는 친구와 함께 놀러 가거나 수다를 떨어 실연 당한 일을 잊어버려야 합니다. 언제까지고 그 사람을 그리워한다면 결국 자신만 비참해질 뿐입니다. 밝아집시다!

F를
선택한 사람

당신은 애집 성향이 꽤 강한 사람이군요. 즉 연인과 함께한 과거의 추억 속에서 살아가는 타입입니다. 예를 들면 애인과 함께 찍은 사진을 헤어진 후에도 항상 소중히 여기고 가끔 앨범을 열어보며 추억에 잠깁니다.

애인에게 받은 선물을 버리지 못해 소중히 간직하고 가끔 그것을 보며 눈물을 흘리기도 하죠. 요컨대 자신이 만든 과거의 망령에 끝없이 시달리는 타입입니다. 만약 당신에게 새로운 사랑을 시작하려는 용기가 생겼다면 우선 애인과의 추억이 깃든 물건을 모두 버려 보세요. 당신은 기본적으로 적극적인 성향이기 때문에 과거가 떠오르는 계기들을 없애면 쉽게 옛사랑에 대한 미련이 사라질 것입니다.

그래도 미련이 남는다면 과감하게 이사를 가 기분을 전환해 보는 것은 어떨까요? 새로운 생활을 시작하면 새로운 사랑에 대한 의욕도 끓어오를 것입니다. 옛사랑은 잊는 것이 능숙한 사랑 방식입니다.

4. 굴뚝에 숨겨진 세 가지 마음

당신은 지금
굴뚝의 정상에 오르고 있습니다.

① 높이는 어느 정도인가요?

② 지금 굴뚝에서는 연기가 나오지 않고 있습니다.
   언제쯤 연기가 나올까요?

③ 아직 나오지 않는다고 생각했던 연기가 갑자기 나옵니다.
   한마디 하자면?

굴뚝의 높이를 통해서는 당신이 섹스로 얼마나 높은 희열을 얻고 싶은 지를 알 수 있습니다. 굴뚝이 높다고 대답한 사람일수록 희열에 탐욕적 이고 무한한 기쁨을 원한다고 할 수 있습니다.

예를 들면 굴뚝 높이가 1m 정도라고 대답한 사람은 섹스에 담백한 편 입니다. 격렬한 섹스보다는 부드럽고 얌전한 섹스를 원하며, 시간을 들 이지 않아도 충분히 만족감을 얻을 수 있는 사람입니다. 반면, 하늘에 닿을 정도로 높은 굴뚝이라고 대답한 사람은 매우 격렬한 섹스와 높은 희열을 원한다고 할 수 있죠. 시간을 충분히 들이고 체력을 완전히 소진 할 정도로 격렬하게 서로를 탐하는 섹스를 원하는 듯합니다. 아니면 욕 구불만? 굴뚝 높이의 기준은 목욕탕 굴뚝 정도가 평균이라고 할 수 있 습니다.

당신이 떠올린 굴뚝이 목욕탕 굴뚝보다 높은지 낮은지에 따라 자기 자 신을 분석해 보세요.

①의
해설

굴뚝의 높이를 통해서는 당신이 섹스로 얼마나 높은 희열을 얻고 싶은지를 알수 있습니다. 굴뚝이 높다고 대답한 사람일수록 희열에 탐욕적이고 무한한 기쁨을 원한다고 할 수 있습니다. 예를 들면 굴뚝 높이가 1m 정도라고 대답한 사람은 섹스에 담백한 편입니다. 격렬한 섹스보다는 부드럽고 얌전한 섹스를 원하며, 시간을 들이지 않아도 충분히 만족감을 얻을 수 있는 사람입니다.

반면, 하늘에 닿을 정도로 높은 굴뚝이라고 대답한 사람은 매우 격렬한 섹스와 높은 희열을 원한다고 할 수 있죠. 시간을 충분히 들이고 체력을 완전히 소진할 정도로 격렬하게 서로를 탐하는 섹스를 원하는 듯합니다.

아니면 욕구불만? 굴뚝 높이의 기준은 목욕탕 굴뚝 정도가 평균이라고 할 수 있습니다. 당신이 떠올린 굴뚝이 목욕탕 굴뚝보다 높은지 낮은지에 따라 자기 자신을 분석해 보세요.

연기가 나오는 시간은 섹스하고 싶다는 생각이 드는 간격을 나타냅니다. 꼬박 하루 지나서라고 대답한 사람은 하루마다 섹스를 하고 싶다고 생각하는 것이죠.

1시간 후라고 대답한 사람은 1시간마다! 하지만, 1시간 후라고 대답했다고 해서 그 사람이 꼭 호색가라고 해석할 수는 없습니다. 왜냐하면 그 사람은 이 굴뚝이 거의 연기를 뿜어내지 않는 굴뚝이라고 생각했을지도 모르기 때문이죠. 연기가 거의 나오지 않는 굴뚝에서 때마침 1시간 후에 연기가 나올 것이라고 상상했다면……그 사람은 분명 섹스를 자주 하는 사람은 아닐 것입니다.

하지만, 이렇게 생각하지 않은 사람은 1시간 후에 섹스하고 싶다고 생각하는 것이 됩니다. 10년 후라고 대답한 사람은 성욕이 별로 없는 타입이거나 애인과의 성생활이 원활하지 않은 것으로 보입니다. 어쨌든 사랑을 나누는 데에만 너무 매진해서는 안 된다는 것 명심하시길.

③의

해설

굴뚝에서 갑자기 연기가 나올 때 한 한마디는? 이는 예기치 못하게 상대의 요구로 섹스를 하게 된 후 당신의 감상, 즉 상대의 갑작스러운 요구를 어떻게 받아들일지에 대해 알 수 있습니다. 생각보다 빨랐다며 재미있어한다면 자극적인 접근을 즐긴다고 해석할 수 있습니다. 당신은 정기적인 것보다 갑작스러운 것에서 희열을 느끼는 타입입니다.

또 약속과 다르다며 화를 내는 사람도 있겠죠. 그것은 상대의 강제적인 태도에 분개하는 것입니다. 이런 타입은 섹스에 대해 만반의 준비, 마음가짐을 미리 해놓고 싶다고 생각하는 사람입니다. 즉 밤낮없이 욕구에 따라 섹스를 요구하면 싫어할 가능성이 높습니다.

이밖에 예정과 다르게 연기가 나와 놀랐다, 그저 당황스러웠다, 나도 모르게 큰소리를 쳤다, 눈물이 나왔다 등 다양한 대답이 나올 수 있습니다. 친구에게 테스트할 때는 내용을 자세히 들으면 분석도 더욱 구체적으로 할 수 있습니다.

내일은 예전부터 기대했던 남친과 데이트입니다.
그때 친한 친구로부터 "무슨 일이 있어도 상담하고 싶은 일이 있으니까 내일 만나 줘"라는 전화가 걸려 왔습니다.

친구는 꼭 내일이 아니면 안된다고 합니다.
자, 어떻게 할까요?

① 바로 데이트를 거절하고 친구를 만난다

② 데이트를 마치고 밤에 만나러 간다

③ 모레 이후에 만날 약속을 정한다

④ "약속이 있어"라고 (상담을) 바로 거절한다

⑤ 어떻게 해야 할지 고민한 끝에 애인에게 상담한다

이 테스트에서 당신은 우정과 사랑 중 무엇을 우선시해야 할지 고민하게 됩니다. 그러나 이 테스트는 최종적으로 우정과 사랑 중 어느 쪽을 선택하느냐가 포인트가 아닙니다. 무엇보다 우정을 중요하게 여기는 타입인지, 사랑을 중요하게 여기는 타입인지의 단순한 테스트가 아니라는 것입니다.

이 테스트에서 중요한 것은 당신이 취하는 미묘한 행동입니다. 즉 결론을 내기까지의 행동을 통해 당신의 성격, 나아가 당신의 연애 타입을 알 수 있습니다.

당신이 과거, 그리고 미래에 어떤 타입의 연애가 많은지 당신의 성격을 통해 분석해 봅시다.

①을
선택한 사람

바로 데이트를 거절하는 태도를 통해 당신은 사랑보다 우정을 소중히 여기는 타입임을 알 수 있습니다. 즉 당신은 친구연애 타입. 학창시절의 친구나 소꿉친구와 우정 같기도 하고 연애 같기도 한 확실하지 않은 사랑에 휘둘리는 타입으로, 친구 중에서 애인이 되는 사람도 있을지 모르겠네요.

그러나 데이트를 해도 항상 친구들과 함께입니다. 놀러 가거나 운동을 할 때, 술을 마실 때도 항상 당신들은 여럿이서 행동합니다. 정신적으로 동료의식이 강한 만큼 섹스도 그다지 하지 않습니다. 이런 타입은 항상 사랑을 제대로 확인하지 않기 때문에 어느샌가 상대방에게 애인이 생길 수도 있습니다.

그리고 자신들의 관계는 처음부터 아무것도 아니었던 것처럼 되어 상대의 연애상담까지 하게 될 수도 있죠. 사랑이라고 하기에는 너무나도 미숙한 사랑. 진심으로 사랑을 쟁취하고 싶다면 나름의 연출을 통해 때로는 로맨틱한 무드를 만들어 보자구요!

데이트를 마치고 만나러 간다는 것은 친구와 애인 모두 소중하지만, 겁이 많아 그것을 아무에게도 말하지 못하고 결론을 확실히 내지 못해 데이트와 상담이 모두 어중간해지는 타입입니다. 그런 당신은 사랑에 대해서도 겁이 많아 짝사랑만 하기 일쑤입니다. 상대방에게 직설적으로 좋아한다고 말하지 못하는 것이죠. 당신 주변에는 소중한 것이 많이 있을 것입니다.

친구, 가족, 일, 공부……. 하지만, 소중한 것을 살짝 옆으로 비켜 두어도 상대를 좋아하는 기운이 없으면 해피엔딩을 손에 넣을 수 없는 것이 사랑입니다. 사랑을 쟁취하고자 할 때는 자기중심적인 경향도 필요합니다. 당신은 연애를 시작하더라도 상대방을 너무 신경 쓰다 자신의 본 모습을 보여주지 못하는 것은 아닐까요? 그래서는 상대방이 당신의 진심을 잡지 못하고 그냥 지나쳐 버릴지도 모릅니다.

결과적으로는 어쨌든 겁쟁이의 면모를 버리고 자신을 속속들이 드러내는 것도 중요합니다.

③을

선택한 사람

모레 이후에 만날 약속을 정하는 이유는 애인과의 약속이 우선이기 때문. 그러나 친구에게도 지금 자신이 꼭 필요한 상황이라는 것을 냉정하게 판단하고 있다고 할 수 있습니다.

즉 당신은 무엇이든 항상 이성이 이기는 쿨한 타입이군요. 애인은 그런 당신에게 부족함을 느끼는 한편으로 그런 어른스러운 당신에게 터무니없는 매력을 느끼기도 합니다. 그러나 연애를 할 때 하나부터 열까지 이성이 이겨서는 언젠가 사랑이 깨져버리지 않을까요? 그물을 치는 것이 항상 당신이라고 할 수는 없습니다. 또 당신은 좋아하는 감정 이상으로 주변 상황을 중요하게 여깁니다.

예를 들면 친구와 같은 사람을 동시에 좋아하게 되면 설사 상대가 당신을 좋아한다고 해도 스스로 물러나 버립니다. 게다가 그런 좋은 부분뿐만 아니라 상대의 조건까지 고려하는 당신! 백마 탄 왕자를 찾다 혼기를 놓칠 수도 있으니 조심하세요.

바로 거절한 당신은 진지하게 교제하지 않는 타입. 동시에 애인을 단순히 섹스 상대로만 여기며 정신적인 부분은 결여된 연애를 하는 타입입니다.

말을 조금 바꾸면 섹스 파트너는 있지만, 진짜 애인은 없는 사람이죠. 당신 스스로 짐작 가는 부분은 없나요? 물론 애인과의 잠자리는 당연한 일이지만, 심적인 유대 없이 잠자리를 가지는 것이 즐거운가요? 그래도 상관없다는 사람은 역시 진짜 사랑을 만나지 않고 있는 것입니다.

당분간 성욕을 억제하고 애인과 잠자리를 갖지 않겠다는 결심을 해보는 것은 어떨까요? 일단 어딘가에서 지금까지의 자신에게 안녕을 고하지 않으면 멋진 사랑을 하지 못할 듯합니다. 친구의 기분도 소중히 여기지 못하는 당신은 좋은 연애를 할 수 있는 타입이라고 말할 수 없겠죠.

⑤를 선택한 사람

어떻게 해야 할지 고민한다는 것은 친구도 소중하고, 물론 애인도 소중하다는 것. 그러나 결국 당신은 고민 끝에 애인에게 결정을 맡기고 맙니다. 애인에게 힘든 결정을 하게 하는 방법을 선택한 것이죠. 당신은 매우 정이 깊은 사람입니다. 그리고 정에 약한 타입이기도 합니다.

연애를 하면 이성을 배제하고 오로지 상대를 열렬히 사랑합니다. 또 결혼하자는 등의 달콤한 속삭임을 들으면 순식간에 날아오를 듯 신이 나 부모님의 허락 없이 혼인신고를 해버릴 사람이네요. 그러나 당신은 정이 깊은 만큼 정에 쉽게 흔들리는 타입. 어떤 사람이 다정하게 구애하면 바로 정에 이끌려 따라가 버립니다. 또 사귈 마음도 없었으면서 동정심을 느껴 상대와 교제하게 될 가능성도 있습니다. 당신은 매우 착하고 멋진 사람인 것 같군요.

하지만, 항상 정에 휩쓸려 연애하다가는 상대방에게 쉬운 남자, 쉬운 여자로 낙인 찍힐지도 모릅니다.

6. 담배 연기가 상징하는 것은……

담배는 움직이는 액세서리라고들 합니다.

한 여성이 바에서 담배를 피우고 있습니다.

그 여성이 내뱉는 연기를 그림에 그려 넣어 보세요.

연기를 그리세요

COMMENTARY

몸에 안 좋다는 사실을 알면서도 피는 담배. 욕구의 해소, 생산적 의미를 가지고 있는 반면 몸의 파멸로도 여겨지는 섹스. 이 두 가지는 금지된 것에 대한 유혹이라는 점이 매우 비슷합니다.

또 담배는 구순성욕, 즉 입과 입술의 자극에서 쾌감을 느끼는 욕구의 대용품, 고무젖꼭지의 변형으로 섹스 심볼적인 의미가 강하다고 할 수 있습니다. 이처럼 담배는 심리학적으로 섹스와 동일한 것으로 여겨지고 있습니다. 즉 이 테스트에서는 그녀가 내뱉는 연기를 통해 당신의 성에 대한 탐욕을 측정할 수 있습니다.

포인트는 연기의 거리. 그렇다면 당신의 성욕은?

연기를 잔에 닿지 않는 정도로 그린 사람은 성에 대해 매우 담백한 사람입니다. 애인과 손을 잡는 것만으로 정신적인 만족을 얻습니다. 설사 섹스 횟수가 1년에 몇 번밖에 되지 않는다 해도 성적 욕구가 충족되는 타입이죠. 단지 담백한 수준이라면 상대에 따라 바뀔 가능성이 있지만 사실 불감증일 가능성도 없지는 않습니다.

또한, 연기를 도넛츠 모양으로 그린 사람은 섹스를 스포츠처럼 즐기는 사람입니다. 다만, 이 경우에도 연기가 잔에 닿지 않았다면 성에 대해 담백한 편이라고 할 수 있습니다. 즉 성욕은 적다는 뜻입니다.

잔에

닿은 사람

당신은 섹스에 대해 담백하다고까지는 할 수 없지만 굳이 육체적 관계를 필요로 하지 않는 타입입니다. 섹스에 대해 소극적인 사람이라고도 할 수 있죠. 하지만, 아직 성에 눈을 뜨지 않았을 가능성도 높습니다. 앞으로 점점 발전해 연기를 종잡을 수 없이 멀리 그리게 될 가능성도 있습니다.

또한, 다른 관점에서 체크하면 연기의 방향으로도 진단이 가능합니다. 연기를 위로 향하게 그린 당신은 섹스를 밝은 행위로 인식하고 있습니다. 반대로 아래로 향하게 그린 사람은 섹스를 한숨에 가까운 느낌으로 인식하고 있다고 진단할 수 있습니다.

아저씨가 이것저것
가르쳐 줄게~

당신의 성욕은 딱 평균이라고 할 수 있습니다. 스스로 옷을 벗지는 않지만, 좋아하는 상대가 유혹하면 결코 싫다고는 하지 못하는 타입. 그런 당신은 그곳의 분위기에 휩쓸려 섹스를 하게 될 기회가 많지 않은가요? 로맨틱한 데이트를 연출해 준 상대가 유혹하면 유혹하는 대로 바로 호텔로. 또 귀여운 여자아이가 눈 앞에 나타나면 애인이 있어도 무심코 대시하는 등.

욕정이 시키는 대로 섹스를 하다가는 진짜 사랑을 놓칠 수도 있습니다. 충실한 섹스 라이프를 위해, 소중히 하고 싶은 사랑을 위해서는 성욕을 잘 조절하는 것도 중요합니다.

스태미너는 충분. 당신의 성욕은 왕성하다고 할 수 있습니다. 말보다는 몸으로 대화하는 것이 자신 있는 사람. 가능하다면 매일 하고 싶다고 생각하는 타입입니다. 옷을 입고 있을 때는 신사숙녀이지만, 일단 옷을 벗는 순간 당신의 몸은 뜨겁게 타올라 야수처럼 적극적으로 변합니다.

더구나 같은 타입의 두 사람이 만나면 단번에 침대로! 달아오른 몸을 진정시키는 일이 힘들기는 하지만 정도껏 하지 않으면 주변으로부터 신뢰를 얻을 수 없습니다. 그렇게 되면 당신이 좋아하는 사람도 당신을 가벼운 사람으로 여겨 피하게 될지도 모르니 주의하세요.

7. 여객기 동체착륙 생중계 성공? 실패?

여객기가 앞바퀴없이 착륙하는 장면을 생중계하는 TV
를 보고 있는 당신. 화면에는 여객기 영상이.
바퀴는 전혀 나와 있지 않습니다.
활주로에 접근했습니다. 곧 착륙입니다.
활주로 주위에서 분주한 움직임이 보이고,
소방차와 구급차가 배치되고 있는 듯합니다.
여객기가 활주로에 들어왔습니다.
곧 앞바퀴없이 착륙이 시작됩니다.
이 동체착륙은 어떻게 되었을까요?

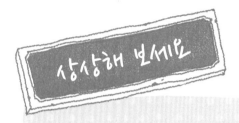

상상해 보세요

① 훌륭히 착륙했다

② 일단 착륙에는 성공했다

③ 어느 정도의 피해는 있었지만 착륙에 성공했다

④ 땅에 부딪쳐 불탔다

하늘을 날다 떨어지는 것은 꿈 속에서도 자주 일어나는데 이는 성적 오르가즘을 나타내는 것입니다.

예를 들면 꿈 속에서 떨어졌다고 생각했지만 두둥실 떠오르는 경우는 매우 좋은 오르가즘을 얻고 있다는 뜻입니다. 쿵 떨어지는 느낌이 느낀 경우는 오르가즘이 느껴질 듯 느껴지지 않는 상황을 나타냅니다.

이 테스트에서는 비행기가 동체 착륙을 준비하고 있습니다. 즉 높은 곳에서 낮은 곳으로 급강하. 이때 당신은 어떤 상황을 선택했는지에 따라 성적인 사랑(황홀경)에 대한 만족도를 측정할 수 있습니다.

① 훌륭히 착륙
했다고 생각한 사람

바로 데이트를 거절하는 태도를 통해 당신은 사랑보다 우정을 소중히 여기는 타입임을 알 수 있습니다. 즉 당신은 친구연애 타입. 학창시절의 친구나 소꿉친구와 우정 같기도 하고 연애 같기도 한 확실하지 않은 사랑에 휘둘리는 타입으로, 친구 중에서 애인이 되는 사람도 있을지 모르겠네요.

그러나 데이트를 해도 항상 친구들과 함께입니다. 놀러 가거나 운동을 할 때, 술을 마실 때도 항상 당신들은 여럿이서 행동합니다. 정신적으로 동료의식이 강한 만큼 섹스도 그다지 하지 않습니다. 이런 타입은 항상 사랑을 제대로 확인하지 않기 때문에 어느샌가 상대방에게 애인이 생길 수도 있습니다.

그리고 자신들의 관계는 처음부터 아무것도 아니었던 것처럼 되어 상대의 연애 상담까지 하게 될 수도 있죠. 사랑이라고 하기에는 너무나도 미숙한 사랑. 진심으로 사랑을 쟁취하고 싶다면 나름의 연출을 통해 때로는 로맨틱한 무드를 만들어 보자구요!

일단 착륙했다고 대답한 사람은 여성이라면 10번 중 8번 정도 황홀경을 경험하는 사람. 남성이라면 질적으로 80% 정도의 황홀경을 느끼는 사람입니다. 이 타입은 대체로 희열을 느끼기까지 시간이 꽤 걸립니다. 애무에 충분히 시간을 들여 서서히 고조되는 가운데 무의식 중에 자신을 버리고 성적 극한에 도달하고 싶다고 생각하면 의외로 쉬울지도 모릅니다. 항상 두 사람 중 한 사람의 집에서 잠자리를 즐기는 커플은 호텔에 가 봅시다. 밤인 경우가 대부분인 커플은 아침에 눈을 뜨자마자 시도해 봅시다.

섹스의 쾌감은 상황을 살짝 바꾸거나 조절함으로써 변화하는 법입니다. 어쨌든 당신은 이미 성적으로 성숙했다고 할 수 있겠네요. 나머지는 테크닉을 갈고 닦는 것뿐이라고 생각하는 사람도 많을 것 같습니다.

③ 단, 징조에 따라서는 있겠지만
착륙에 성공했다고 생각한 사람

당신이 여성이라면 당신은 황홀감에 잠기는 느낌은 알지만, 매번 그것을 느끼지는 않는 타입. 아니면 가끔 느끼는 타입이라고 할 수 있습니다. 남성이라면 최근 '나 이상한가'라며 고개를 갸웃하고 있거나 '섹스라는 게 이런 거였나'라며 성적인 사랑이 희미해지고 있는 타입입니다.

현재 당신은 그 섹스에 전력투구하고 있는지 아닌지가 중요합니다. 어딘가 시들해져 섹스에 집중하지 못하면 당연히 황홀감도 느낄 수 없죠. 또한, 반대로 자기중심적으로 쾌락을 탐하며 상대방을 전혀 고려하지 않으면 몸에 대한 황홀감을 얻을 수 없는 법입니다.

상대도 황홀감을 얻을 수 있도록 배려심을 갖추면 당신도 자연스럽게 다시 황홀감을 느낄 수 있을 것입니다. 남자든 여자든 모두 마찬가지. 서로 노력합시다.

도무지 최근에는 섹스를 통해 황홀감을 느낀 적이 없거나 황홀감이 무엇인지 자체를 모르는 여성. 남성이라면 최근에는 도무지 좋은 섹스를 하지 않고 있거나 상반신 생활만 하고 있는 타입.

이 패턴을 선택한 사람은 현재 성생활에 대해 그렇게 느끼고 있는 듯합니다. 하지만, 황홀감을 얻을 수 없다고 해서 고민할 필요는 없습니다. 문제는 아주 단순하니까요. 상대에 대한 사랑이 식었거나 현재 그런 상대가 없어서일 뿐 아닌가요? 고민하다 책을 읽거나 친구에게 물어 이론은 빠삭한데 행동이 따라가지 못하면 오히려 좋지 않은 결과가 나올 수 있습니다.

책에서 본 지식을 토대로 있는 대로 계산한 후 시도하거나 다른 사람에게 들은 대로 상대가 움직여 주지 않으면 모두 상대 탓으로 돌리거나……. 당신의 섹스는 점점 수렁에 빠질 것입니다.

8. 기쁨의 눈물을 흘리는 법

매우 기쁜 일이 일어났습니다.

나도 모르게 눈물이…….

눈물이 어떻게 흘렀나요?

그림 속 얼굴에 눈물을 그려 보세요.

눈물을 그려 주세요

기쁠 때 당신은 마음 깊이 감동할 수 있나요? 눈물은 감정을 표현하는 수단으로, 그 사람의 감정이 강한지 약한지를 측정할 수 있습니다. 그리고 감정을 겉으로 표현할 수 있는지 없는지에 대한 문제는 애정 표현이 능숙한지 아닌지와 연결됩니다.

이 테스트는 애정 표현을 잘할 수 있는지를 진단하는 것입니다. 눈물이 흐르는 모양을 다음의 다섯 가지에 대입해 진단합니다.

① 한쪽 눈에서 한 줄이 흐른다
② 양쪽 눈에서 한 줄씩 흐른다
③ 눈에 눈물이 가득 고인다
④ 진주의 눈물이 한 방울
⑤ 얼굴이 눈물범벅

당신의 감정 표현은 지극히 평범하다고 할 수 있지만, 스스로를 억제하는 부분이 전혀 없다고는 할 수 없겠네요. 기쁜 일이 있으면 당신은 웃기는 하지만, 결코 신이 나서 방방 뛰어다니지는 않습니다. 좋아하는 사람이 있어도 장소와 상관없이 스킨십을 할 수 없습니다.

애인과도 사람들 앞에서는 손 잡기 주저하는 타입이죠. 당신을 억제하고 있는 것은 무엇인가요? 체면만이 당신을 억압하고 있는 것이라면 애정 표현에 특별히 문제가 있다고는 할 수 없지만, 애인에게 때때로 자극적인 애정 표현을 하지 않으면 상대는 사랑 받지 않고 있다고 생각할지도 모릅니다.

당신은 재미있는 영화를 봤을 때 배꼽을 부여잡고 웃을 수 있고, 슬픈 영화를 봤을 때 자연스럽게 눈물을 흘릴 수 있는, 솔직하고 직접적으로 자기표현을 할 수 있는 타입입니다. 애정 표현은 합격점! 좋아하는 사람에게 매우 자연스럽게 좋아한다는 말을 전할 수 있으며, 첫 키스도 로맨틱한 분위기 속에서 받아들일 수 있을 것 같네요.

감정 표현이 서툰 타입은 다른 사람들로부터 오해를 살 가능성이 높다고 생각합니다. 그런 의미에서 당신과 같은 타입은 인간관계와 애인과의 관계 모두 오해받는 일 없이 무난하게 해나갈 수 있을 듯합니다.

눈에 눈물이 가득 고이는 것은 펑펑 울기 직전이죠. 당신은 감정을 계속 마음 속에 눌러 담고 있다 포화 상태에 이르렀을 때 단번에 폭발시키는 타입입니다. 이는 결코 애정 표현이 훌륭한 타입이라고 할 수 없습니다.

만약 짝사랑 중이라면 당신은 상대와 어느 정도 거리를 두고 상대를 물끄러미 바라보는 타입입니다. 상대가 다른 이성과 대화하는 모습을 보면 본인도 저렇게 편하게 대화하고 싶다고 생각하면서도 자신은 마치 그 사람에게 관심이 없는 양 행동합니다. 그리고 사소한 계기라도 생기면 감정이 북받쳐 올라 눈물을 왈칵 쏟아내는 것입니다.

눈물이 한 방울……이라고 대답한 사람은 극단적으로 자신의 감정을 억제하는 타입입니다. 좋아하는 사람이 있어도 마음을 속으로 억제하고 감정을 표출하지 않습니다. 이런 타입은 친구에게 "사실 나 저 사람 좋아해"라고 고백하면 친구는 전혀 몰랐다고 대답하겠죠. 또 당신은 주변 사람들에게 차가운 사람으로 보여질 것 같습니다. 이래서는 사랑하는 사람에게 마음을 전달할 수 없습니다.

결과적으로 몰래 짝사랑을 계속하는 사람이 많은 듯하지만, 태도로 애정을 보여 주지 못하겠다면 말로 실컷 사랑을 고백하시길. 단, 그 사람과 이어지지 않더라도 끈질기게 쫓아다녀서는 안됩니다.

당신은 바로바로 애정을 표현하는 타입입니다. 즉 심하게 후한 애정을 가지고 있다고 할 수 있습니다. 애인을 사랑한다는 느낌이 들면 사람들 앞에서도 폭풍 키스! 상대가 부끄러워하든 말든 개의치 않는군요. 좋아하기 시작하면 브레이크가 걸리지 않는 타입입니다. 짝사랑이라도 절대 기죽지 않죠. 상대가 끈질기다고 생각해도 접근을 멈추지 않습니다.

당신의 감정은 순수하고 솔직하기 때문에 결국 상대도 당신을 귀엽게 여겨 사랑이 이루어질 가능성이 많을 것 같습니다. 상대방은 당신의 마음을 알면 알수록 그 마음에 응답해 주고 싶어질 것입니다.

9. 나무에는 눈이 얼마나 쌓였을까요?

들판에 작은 나무가 한 그루 있습니다.
눈이 내리는 날,
이 나무에는 눈이 얼마나 쌓였을까요?

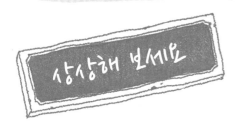

① 눈이 흩날리고 있을
뿐 나무에는 쌓이지
않았다

② 약간 쌓였다

③ 나무 전체가
눈으로 덮였다

④ 눈에 파묻혔다

COMMENTARY

이 테스트에서는 당신의 노출증 성향을 알아볼 수 있습니다.

노출증 성향은 이상이 있는 남성이 자신의 성기를 보여주며 즐거워하는 행위를 떠올리는 분들이 많을 것으로 생각되는데 이것에만 한정되지 않습니다. 보여주면 안되는 것을 보여주는, 예를 들면 성기뿐만 아니라 프라이버시를 폭로하고 즐거워하는 사람 등도 노출증 성향이 있다고 할 수 있습니다. 또 자신의 능력을 과시하고, 모든 사람들에게 주목받고 싶어하며, 사람들을 놀래고 싶어하는 사람도 그 성향이 있다고 할 수 있습니다.

이 테스트에 있는 나무는 당신 자신. 나무가 확실히 보이는 사람일수록 노출증 성향이 있는 것입니다.

당신은100% 노출증 성향을 가진 타입입니다. 눈은 흩날리고 있지만 나무는 전혀 가려지지 않았습니다.

즉 당신은 보여주면 안되는 것까지 보여주고 마는 사람입니다. 당신은 눈에 띄고 싶어하는 사람, 주목 받는 것을 좋아하는 사람이죠. 유행, 티피오와 관계없이 시스루나 바디라인을 강조하는 옷을 즐겨 입고, 가끔 속옷을 입지 않은 채 사람들의 눈에 띄는 장소에 가기도 합니다. 물론 그런 패션을 환영하는 남성이 많겠지만, 그렇지 않은 사람도 분명 있습니다. 어울리지 않는 장소에 어울리지 않는 옷을 입고 가면 주변 사람도 부끄러울 것입니다.

당신이 남성이라면 솔선해 나체로 춤을 추는 타입은 아닌가요? 분위기를 잘 맞추는 것은 좋지만, 도가 지나치면 주변 사람들이 모두 피하게 될지도 모릅니다.

② 나무에 눈이 약간
쌓인 상태를 그린 사람

당신의 노출증 성향은 70%라 할 수 있습니다. 나무에는 눈이 조금밖에 쌓이지 않았습니다. 즉 당신은 자기자신을 별로 감추려고 하는 타입이 아닙니다. 당신의 노출증 성향이 만약 정신적, 심리적인 부분에 드러나면 예를 들어 집단 속에서도 당신은 혼자만 튀려고 할 것입니다.

많은 사람들이 동그랗게 둘러 앉아 이야기할 때도 당신은 "나는 있잖아", "나는 말이야"라며 자신을 어필하려고 합니다. 그러다 결국 자기 자랑만 늘어놓게 되죠. 당신은 항상 이야기의 중심에 있지 않으면 만족하지 못하는 타입입니다. 즉 제멋대로인 사람. 예를 들어 소중한 친구의 결혼식에서 이 성향이 드러나면 친구의 과거 연애사 등을 폭로해 버립니다. 본인에게 일어나면 물론 싫은 일이겠죠. 참석한 사람 중에도 재미있다고 생각하며 듣는 사람은 거의 없을 것입니다.

당신의 정신적 노출증 성향은 우정에 금이 가게 할 가능성이 큽니다. 성숙한 어른이 되도록 유의합시다.

획
획

당신의 노출증 성향은 40% 정도로 보통이며, 밸런스도 나쁘지 않다고 할 수 있습니다. 당신은 자기 자랑을 하고 싶은 마음이 있으면서도 상대나 장소에 따라 자제할 때는 자제하고 이야기할 때는 하는 유연한 태도를 취할 수 있는 사람입니다.

그리고 주변 사람이 부끄러워할 만한 이야기는 굳이 스스로 하지 않습니다. 경계선을 잘 알고 있는 사람이죠. 여성이라면 파티 등 화려한 장소에는 어깨를 드러내거나 등이 크게 파인 옷을 입고 가기도 합니다. 이는 티피오에 맞게 선택한 옷이기에 노출증이라고 할 수 없죠. 그러나 더운 여름 날 샤워를 하고 창문을 연 후 알몸으로 방 안을 걸어 다니는 행위. 이는 당신의 무의식에 숨겨져 있는 노출증 성향일지도 모릅니다

. 성적이 좋게 나오면 다른 사람에게 이야기하거나 남성의 경우 근육질 몸을 아무렇지 않은 듯 보여주는 것도 노출증 성향이 약간은 있다고 할 수 있습니다.

④ 나무가 완전히 눈에
파묻힌 상황을 그린 사람

당신은 노출증 성향이 0%인 사람입니다. 나무가 완전히 덮여 있다는 것은 당신 자신 혹은 자신의 본심을 감추고 싶어하는 타입이라고 할 수 있습니다. 당신은 매우 부끄러움이 많은 사람으로 자기 이야기를 하는 것이 서툽니다.

이런 부분이 상대에게 나쁘게 인식되면 자기 이야기를 하지 않는 비밀주의자로 보일 수 있습니다. 서투니까 말하지 않는 태도를 일관하면 친구가 사라질지도 모릅니다. 악의는 없더라도 자기 이야기를 거의 하지 않으면 주변 사람들은 당신을 오해할 가능성이 크니까요. 친구를 만들고자 한다면 마음의 문을 열어야 합니다. 그래야 상대도 마음의 문을 열어주는 법입니다. 그러니 자신을 공개하고 어필해야 함을 명심하도록 합시다. 또 당신은 속살을 노출하기 싫어하는 타입입니다.

예를 들면 토플리스 해변에서 모두가 속살과 가슴을 드러내고 있어도 당신은 완고하게 옷을 걸치고 있죠. 자신의 매력을 표출하는 훈련도 필요해 보이네요.

10. 혀가 잘린 참새의 치료법은?

할머니의 풀을 마음대로 먹고
혀가 잘린 참새.
이후 상처를 어떻게 치료했을까요?

선택하세요

① 마법을 썼다

② 자연 치유되었다

③ 수의과 의사가 치료해 주었다

④ 사실 큰 상처가 아니었다

⑤ 결국 낫지 않았다

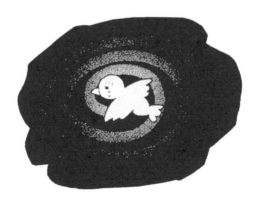

이 테스트에서는 부부애에 대해 진단할 수 있습니다.
혀를 자르는 행위는 말하는 커뮤니케이션의 수단과 먹는 쾌락을 빼앗는 것입니다.

즉 혀를 자르는 행위는 상대의 표현 수단과 쾌락을 빼앗아 컨트롤하고자 하는 독점욕이나 상대에 대한 복수심을 나타냅니다.
연인이나 부부 사이의 다툼에서는 상대의 혀를 잘라내는 것까지는 아니어도 독점욕, 작은 복수의 형태로 자기 주장을 고집하는 경우가 자주 있습니다.

다툰 후에 찾아오는 연인 또는 부부의 위기에 당신은 어떻게 대처하나요?

① 마법을
써서 나았다

상처가 나았다는 것은 결과적으로 좋은 쪽으로 흘러갔다는 것. 따라서 앞으로 만약 부부의 위기가 찾아와도 당신은 위기를 꼭 벗어날 수 있을 것입니다. 방법으로 당신은 마법을 선택했군요. 마법은 비현실적인 수단입니다.

따라서 당신은 전지요법과 같이 평소와는 다른 행동으로 부부 사이를 개선합니다. 둘이서 온천여행을 가거나 혼자 여행을 떠나 상대와 거리를 둠으로써 자기 자신을 되돌아보거나 앞으로의 일을 냉정하게 들여다보는 등.
환경을 바꿔 기분을 전환함으로써 부부의 위기에서 효과적으로 벗어날 수 있습니다.

당신이 느끼는 부부의 위기는 분명 크지 않은 것일 것입니다. 자연 치유되었다는 것은 다툼이 있는 상황에서도 부부 사이가 자연적으로 치유된다는 의미입니다. 다툼의 원인이 무엇이든 두 사람은 커뮤니케이션을 하다 보면 어느새 문제가 해결되어 있는 타입입니다.

즉 두 사람 사이에 사소한 다툼이 끊이지 않는다 하더라도 근본적으로는 결속이 단단하기 때문에 문제 없을 것입니다. 의외로 겉으로 보기에는 사이 좋은 잉꼬부부로 보일 수도 있겠네요. 사이가 좋을수록 다툰다. 당신이 너무 고민하지 않는다면 두 사람은 언제까지고 행복할 수 있을 것입니다.

나야말로

말이 지나쳤어

③ 수의과 의사가
치료해 주었다

싸울 때마다 대소란. 당신은 고향집에 가 부모님과 형제들에게 상대방 욕을 하거나 친한 친구에게 이것저것 상담합니다. 당신의 주변 사람들은 "또 시작이군"이라며 질려 하지만, 결과적으로 자기 일처럼 생각하며 두 사람 사이를 중재해 줍니다. 의사는 신뢰할 수 있는 사람을 상징합니다. 부부의 위기에 당신은 신뢰할 수 있는 제삼자를 중간에 두고 해결하려 합니다.

미래에 생길 부부의 위기를 위해서도 앞으로 당신 주변에 두 사람에 대해 잘 알고 있고 상담할 수 있는 친구를 확보해 둘 필요가 있을지도 모르겠네요.

이미 결혼을 했고 이 패턴을 선택한 사람은 현재 결혼 생활에 매너리즘을 느끼고 있지 않으신가요? 큰 상처가 아니었다는 것은 위기의 원인이 돌발적인 것이 아니라는 것. 단순히 두 사람 사이에 신선함이 없어졌다는 이유로 당신은 초조해집니다. 상대에게 엉뚱하게 화풀이하고 사랑싸움을 반복합니다.

하지만, 두 사람이 처음 만났을 때는 그렇게 설렜는데. 당신은 첫 데이트를 떠올리거나 둘이 함께 떠난 여행 사진을 보며 다시 연정을 느낍니다. 결국 부부는 다시 이전의 좋은 관계로 돌아갈 테니……

⑤ 결국

낫지 않았다

이야기 속에서 참새는 혀가 잘린 채 낫지 않았다고 상상한 사람. 당신은 위기에 대해 상대를 결단코 용서하지 않거나 모든 것을 청산하지 않으면 앞으로 나아갈 수 없다고 생각하는 사람입니다. 즉 진지하게 이혼을 고려하는 타입입니다. 결론을 서두르는 것은 당신 자유이지만, 매사를 낙관적으로 생각하는 것도 부부 생활을 오래 존속시킬 수 있는 비결입니다.

흑백을 나누기 전에 둘이 잘 이야기해 보는 것이 어떨까요? 아니면 당신에게 찾아온 위기는 역시 원인이 제법 깊숙이 있음에 틀림 없습니다. 이혼을 하지 않는 한 문제는 해결되지 않을지도 모르겠네요.

이혼신청서

11. 연인과 함께 수평선을 그립시다

다음 그림은 당신이 남성과 둘이서
바다를 바라보고 있는 모습입니다.
이 그림에 수평선을 그려 보세요.

수평선을 그리세요

수평선 위쪽(하늘)은 당신의 정신적인 부분을, 수평선 아래쪽(바다)은 당신의 육체적·관능적인 부분을 나타냅니다. 즉 이 테스트에서는 당신의 정신과 육체의 밸런스를 진단함으로써 정부가 될 가능성을 판단할 수 있습니다.

하늘 부분의 비율이 클수록 연애에서 정신적인 면을 중시하는 타입이며, 바다 부분의 비율이 클수록 육체적인 교류를 중시하는 타입이라 할 수 있습니다. 즉 수평선이 높은 사람일수록 정부가 될 가능성이 높다고 할 수 있습니다.

당신은 사랑에 있어 섹스가 중요한지, 마음이 중요한지 어떤 진단이 나왔나요?

하늘과 바다 가운데 바다의 비율이 압도적으로 큰 당신은 섹스를 중시하는 성향이므로 정부가 될 가능성이 높습니다.

만난 순간 서로 필이 통하면 당신은 바로 모텔로 향할 수도 있는 사람. 당신은 섹스 궁합이야말로 연애의 행방을 좌우하는 최대 요인이라 생각하고 있습니다. 아무리 상대가 사랑을 고백해도 섹스를 잘하지 못하면 사귀지도 못합니다. 또 상대가 결혼한 사람이라도 속궁합이 잘 맞는다는 이유로 오랫동안 사귈 수도 있죠. 이런 성향은 바다 부분이 많은 사람일수록 강하다고 할 수 있습니다.

분명 사랑은 말뿐만 아니라 육체로도 확인되는 것이라고 생각합니다. 그러나 당신의 경우는 정신과 육체가 균형을 이루지 않고 있습니다. 이 상태로는 분명 불행한 결말을 맞게 될 것입니다. 특히, 정신적 부분이 결여된 사랑은 해피엔딩을 기대하기 어렵습니다. 언제까지나 음지의 몸으로 당신 스스로가 행복할 수 있을까요?

하늘과 바다의 비율이 거의 비슷한 당신은 연애에 대한 정신과 육체의 밸런스가 매우 좋다고 할 수 있습니다. 따라서 당신은 섹스만을 바라는 정부가 될 가능성이 거의 없습니다.

당신이 여성이라면 육체적인 사랑만을 요구하는 바람둥이 타입의 남자와 결코 사귀지 않을 것입니다. 또 결혼할 때까지 순결을 지켜야 한다는 고지식한 생각도 하지 않겠죠. 연인이라면 둘이서 여행을 갈 수도 있다고 생각하는 당신은 매우 일반적이고 평균적인 연애를 하다 행복하게 결혼할 수 있는 타입입니다. 현대적인 사고와 이성을 모두 갖춘 당신은 정부로서 자기 자신을 불행하게 만드는 선택도 하지 않을 것입니다.

만약 당신이 기혼자를 좋아하게 된다면 정신과 육체가 균형을 이루어 연애하는 듯한 느낌의 정부가 될 가능성은 있지만, 미래를 기약할 수 없는 상대와는 바로 헤어질 것입니다.

수평선을 오른쪽 갈매기
보다 낮게 그린 사람

하늘과 바다 가운데 하늘의 비율이 큰 당신은 플라토닉 사랑 경향이 강해 절대 정부가 되지 않는 타입이라 할 수 있습니다. 당신은 연애에서 섹스보다 서로의 마음이 중요하다고 생각하는 사람이죠. 따라서 서서히 사랑이 깊어져도 섹스까지는 오랜 시간이 걸립니다. 손을 잡았다면 다음은 키스까지. 이후 스킨십은 키스까지만 하는 기간을 두고 나서 애무, 그리고 섹스로 가는 순서를 밟지 않으면 섹스까지 이어지지 않습니다.

성실성을 중요하게 여기는 당신은 애인이 있는 사람과 사랑에 빠지려 하지 않습니다. 또 만약 결혼한 사람을 좋아하게 되더라도 본인의 마음 이상으로 상대의 부인 혹은 남편의 존재를 신경 쓰기 때문에 정부가 될 가능성은 거의 없다고 할 수 있습니다.
육체적으로 양다리를 걸치는 행위도 용서할 수 없습니다. 만약 당신이 정부가 된다 하더라도 섹스는 하지 않는 관계를 바랄 것입니다.

12. 오두막집에 안에 사람이 몇명일까요?

깊은 숲에서 길을 잃은 당신. 도무지 이 숲을 빠져나갈 수 없을 것 같습니다.

해가 떨어지고 주변은 어두워집니다. 그때 앞쪽에서 한 줄기 빛이 보입니다. 그것은 오두막집의 창문 불빛. 당신은 깜짝 놀라며 문 쪽으로 향하는데…….

그 오두막집 안에는 사람이 몇 명 있을까요?

① 1명

② 2명

③ 3~5명

④ 6~9명

⑤ 10명 이상

COMMENTARY

오두막집은 당신 마음의 크기를 나타냅니다. 오두막집에 있는 사람의 수는 당신이 한번에 몇 명과 부담 없이 만날 수 있는지 그 능력을 나타냅니다.

 즉 이 테스트를 통해서는 당신의 애교 능력을 진단할 수 있습니다. 바꿔 말하면 당신이 인기 있는 사람이 될 자질을 가지고 있는지를 판단하는 것이죠. 사람이 적다고 생각한 사람일수록 내향적이고 사람들과의 교류가 서툰 편. 많다고 생각한 사람일수록 외향적이고 사교성이 좋다고 할 수 있습니다.

많은 사람과 편안하게 이야기할 수 있는 사람일수록 주변으로부터 호감을 얻게 되고 인기도 많아지겠죠. 당신은 오두막집에서 몇 명을 만났나요?

① 1 명이라고
대답한 사람

당신은 내향적이고 외골수 성향이 강한 사람입니다. 혼자 있는 것을 아주 좋아하죠. 친하지 않은 사람들을 절대 편안하게 웃으며 대할 수 없는 타입입니다.
당신은 파티에 초대를 받아도 거절할 때가 많지 않은가요? 왜냐하면 파티에 가도 사람들과 대화하지 못하고 가만히 앉아만 있다 오는 모습이 뻔히 눈에 보인다고 생각해 버리기 때문입니다. 혹여 파티에 참석하더라도 '오지 말걸' 항상 후회하죠. 학생일 때는 상관 없지만, 사회에 진출하면 사람들과의 능숙한 교류가 필연적으로 요구됩니다.

또 이렇게 가만히 있어서는 멋진 남자친구나 여자친구를 만날 기회도 놓칠 가능성이 높습니다. 사교성을 기르는 법을 훈련하시길.

② 2 명이라고
대답한 사람

당신은 사람들 앞에서 밝게 행동하려고 노력하지만 애교가 있는 타입은 아닙니다. 당신은 당신에 대해 잘 알고 있는 친구, 애인과는 물론 즐겁게 대화할 수 있습니다. 하지만, 당신에 대해 잘 모르는 사람은 경계하고 눈에 보이지 않는 벽을 만듭니다.

예를 들면 파티에 가도 친구랑만 이야기하죠. 이런 식이라면 교우 관계를 넓힐 수 없습니다. 만약 친구를 늘리고 싶다면 눈 앞의 벽을 없애세요. 분명 "이렇게 쉬운 일이었어?"라고 말할 정도로 친구가 늘어날 것입니다.

③ 3~5 명이라고
대답한 사람

당신은 엄청난 기분파입니다. 혼자 방에 틀어박혀 전화도 전혀 받지 않다가 갑자기 친구를 불러 야단법석을 떠는 타입. 당신의 정신은 극단적인 내향성과 극단적인 외향성이 교차하는 상태입니다.

따라서 기분이 좋으면 주변 사람에게 애교를 떨 수 있지만, 기분이 나쁘면 주변 사람을 완전히 배제해 버리죠. 아마 친구들은 그런 당신에게 질렸을 것입니다. 휘둘리기 싫어 멀어진 친구가 있을지도 모르겠네요.

이는 애교 있는 타입이라고 할 수 없습니다. 조금은 스스로 반성하는 시간을 가져 봅시다.

당신의 애교는 100점 만점. 사교성과 적극성을 가진 당신은 지인이 없는 파티에 가도 주변 사람과 유쾌하게 대화하며 인기를 얻을 수 있는 타입입니다. 만약 구석에 혼자 있는 사람을 발견하면 바로 말을 걸고 무리 속으로 자연스럽게 끌어들일 수도 있습니다.

요컨대 당신은 분위기를 살리는 요령을 알고 있는 것이죠. 혼자 멋대로 행동하지 않고 분위기를 살피면서 임기응변의 배려를 잊지 않는다면 당신은 항상 빛날 수 있습니다.

그리고 그런 당신을 애인으로 만들고 싶다고 생각하는 사람도 많을 것 같은데요. 당신의 사교성을 소중히 여기세요!

⑤ 10만 명이라고
대답한 사람

당신은 애교가 매우 많은 사람이라고 할 수 있습니다. 한번에 많은 사람과 사이 좋게 지낼 수 있는, 매우 유쾌한 사람입니다. 다만, 당신의 사교성과 적극성은 다소 지나친 경향이 있습니다.

예를 들면 몇 명이 화목하게 대화를 나누고 있는 곳에 당신이 갑자기 끼어들어 야유를 받기도 하고, 파티 분위기를 살리려다 품위 없는 행동을 하게 되기도 하죠. 사교성이나 적극성 모두 도를 지나쳐서는 인기를 얻을 수 없습니다.

조금 더 주변 사람들의 기분에 민감해지고 협동성을 키워야 할 것 같습니다. 그것만 주의하면 틀림없이 당신은 많은 인기를 얻을 수 있을 것입니다.

그래서 그래서?

뭐야 뭐야?

13. 욕실전신을 비추는 거울, 먼저 어디를 볼까?

아침에 일어나 욕실에 갑니다.

거기에는 전신을 비추는 거울이 있습니다.

다음 그림에 있는 사람은 먼저 어디를 볼까요?

다음 중 선택하세요.

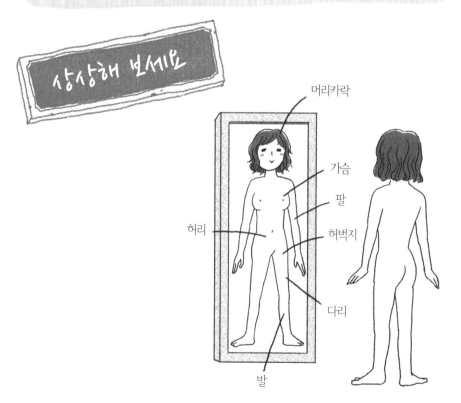

COMMENTARY

거울 속에 비치는 나는 동성을 상징합니다. 이 테스트에서는 당신의 동성애 성향과 그 가능성에 대해 진단할 수 있습니다. 성감대에 가까운 곳은 금기구역. 이 금기구역에 눈이 가는 사람은 잠재적으로 동성애 성향이 있다고 할 수 있습니다.

동성애에는 한번도 이성에게 성적 욕구를 느낀 적이 없는 〈절대적 성별도착〉, 이성과 동성에게 모두 성적 욕구를 느끼는 〈양성적 성별도착〉, 일시적으로 이성이 없는 환경에 가두어지면 동성에게 성적 욕구를 느끼는 〈기회적 성별도착〉 세 종류가 있습니다.

당신은 어디에 해당되나요?

치근덕치근덕

이미 알고 있겠지만, 당신에게는 꽤 강한 동성애 성향이 보입니다. 엉덩이는 금기 구역 그 자체. 해설에서 언급한 세 종류의 동성애 가운데 당신은 첫 번째인 〈절대적 성별도착〉에 해당합니다.

당신에게는 이미 동성애인이 있지 않은가요? 아니면 애인까지는 아니더라도 과도 하게 친한 동성친구, 꽤 강렬하게 동경하고 있는 동성선배는 없나요? 여성이라면 동성애를 주제로 한 만화를 닥치는 대로 읽을 것이고, 남성이라면 게이바에 출입하는 등 무언가 행동으로 나타내고 있을 것입니다. 현재 정상이라고 생각하고 있는 사람도 마음 속에 동성에 대한 사랑이 잠재되어 있죠.

유럽에는 동성애는 시민권을 얻고 있습니다. '난 이상한 것 같아'라며 괴로워하거나 주위 시선을 의식하지 말고 욕망이 향하는 대로 행동해도 괜찮을 것 같네요.

가슴은 틀림없는 성감대. 당신은 엉덩이를 선택한 사람 다음으로 동성애 성향이 강하다고 할 수 있습니다.

해설에서 언급한 동성애 분류 가운데 이성과 동성에게 모두 성적 욕구를 느끼는 〈양성적 성별도착〉일 가능성이 매우 높습니다. 당신에게는 이성 애인이 있을지도 모르지만, 동성애자가 말을 거는 경우가 자주 있지 않은가요? 남성이라면 특히 게이바, 트랜스젠더바에서 희한하게 인기를 얻은 경험이 있지는 않은지? 당신 스스로 정상이라고 여기고 있다가도 성적인 동성애에 대한 것을 슬쩍 엿볼수 있는 계기를 통해 이성에 대한 성욕 이상으로 동성과의 섹스를 원하게 될 가능성이 있습니다.

그러나 당신은 이성에게도 성욕을 느끼기 때문에 동성에 대한 욕망에 솔직하지 못할지도 모릅니다. 섹스 파트너로 어느 쪽을 선택할지 고민하는 정도라면 애초에 자신을 정상이라 여기며 이성과의 사랑을 관철하는 편이 좋을 것 같네요.

허벅지는 성감대는 아니지만, 특히 허벅지 안쪽을 누가 만지려 하면 자연스럽게 피하게 되는 민감한 부분. 허벅지를 선택한 사람 중 절반 정도는 아직 느끼지 못했을 수도 있지만, 제법 동성애 성향을 가지고 있다고 할 수 있습니다.

당신은 〈기회적 성별도착〉일 가능성이 매우 높습니다. 지금은 동성애 성향이 의식 아래에 있어 표면적인 기분으로 나타나지 않을지라도 어떤 이유로 여학교나 남학교 등 동성만 잔뜩 있는 세상에 들여보내지면 속에 숨어있던 동성애 성향이 서서히 표면으로 나올 것입니다. 그리고 금단의 문을 연 이상 당신은 그 세계로 빠져들게 되겠죠.

하지만, 동성애는 결코 병이나 이상이 있는 것이 아닙니다. 또 당신의 경우는 동성에게만 성욕을 느끼는 타입이 아니니 사랑의 대상이 2배가 되었다는 가벼운 느낌으로 사랑에 대한 당신의 솔직한 마음을 소중히 여기세요.

머리카락은 심리학적으로 금기구역으로 여겨집니다. 즉 머리카락을 선택한 당신에게는 동성애 성향이 있다고 할 수 있습니다.

남성이라면 샤워실에서 본 동성의 탄탄한 근육이나 성기를 만져보고 싶다고 생각한 적 없나요? 반대로 여성은 샤워룸에서 본 동성의 가슴이나 부드러운 엉덩이를 만져보고 싶다고 생각한 적 없나요? 맞습니다. 당신에게는 잠재적으로 동성애 성향이 있는 것입니다. 보통 어린이에서 어른이 될 때 여자는 여성스럽게, 남자는 남성스럽게 길러지기 때문에 성적 욕구도 자연스럽게 이성을 향합니다. 동성애는 그런 자연적인 본능의 발전을 정신적으로 방해 받으면서 눈뜨게 되는 것입니다.

요컨대 여자인데 남자처럼 길러지면 남성스러워져 여자에게 성욕을 느낄 수도 있는 것이죠. 당신은 어떻게 자랐나요?

허리는 의외로 금기구역이 아닙니다. 즉 당신에게는 동성애 성향이 거의 없다고 할 수 있습니다. 그러나 당신은 동성애자의 마음을 충분히 이해할 수 있죠. 그래서 게이바나 트랜스젠더바에 다니거나 주변에 동성애자가 있으면 친구가 될 수도 있습니다.

특히, 당신이 여성이라면 게이나 트랜스젠더가 매우 좋아할 것이며 좋은 친구 관계를 맺을 수 있습니다. 당신은 동성애자에 대한 편견이 없기 때문입니다. 기본적으로 인간은 100%인 남성도, 100%인 여성도 없다고 합니다. 요컨대 누구나 동성애의 자질은 있는 것이죠. 따라서 당신은 가장 평범하고 순수한 사람이라 할 수 있습니다.

성이 개방됨으로써 점점 동성애자가 많아질지도 모르니 편견 없는 순수한 당신의 마음을 소중히 여기길!

당신은 동성애 성향이 전혀 없습니다. 또 남성이 남성에게 관심을 가지거나 여성이 여성에게 관심을 가지거나 성전환을 하고 싶어하는 사람의 사고를 당신은 전혀 이해할 수 없습니다. 당신의 성에 대한 욕구는 이성에게만 해당됩니다. 이런 타입은 설사 동성에게 사랑 고백을 받게 되더라도 "농담이지!?", "그만둬"라는 한마디로 정리해 버립니다. 사소한 사고로 동성이 허벅지나 엉덩이를 만지면 "저리 치워!"라며 뿌리치죠. 물론 남장 여자에게 열광하는 여성들의 마음도 이해하지 못합니다.

당신은 애초에 동성애를 이유 없이 싫어하고 있습니다. 그러나 그런 편견은 틀린 생각입니다. 그들은 단순히 성욕이 이성이 아닌 동성을 향할 뿐입니다. 동성끼리는 서로 느끼는 부분을 잘 알고 섹스를 하기 때문에 동성애자인 이성 친구를 두는 것도 크게 공부가 될지도 모르겠네요.

14. 충동구매는 얼마나 자주하나요?

당신의 방 안에 무심결에 구입하고
사용하지 않거나,
입지 않는 물건이 얼마나 있나요?

① 10개는 족히 넘는다

② 10개 정도

③ 5개 이상 있다

④ 4개 이하

⑤ 아무리 생각해도 없다

이 테스트에서는 이상성욕 가운데 난교 성향을 알아볼 수 있습니다. 난교는 일률적으로 성욕이 강한 사람에게 해당하는 욕구라고는 할 수 없습니다.

①외로움을 많이 타는 사람, ②성적으로 미성숙한 사람, ③감각적인 것에 대한 집착이 심한 사람에게 난교 성향의 가능성이 있다고 할 수 있습니다.

이런 성향이 강한 사람일수록 난교에 빠지기 쉽습니다. 이 테스트에서는 ③을 대상으로 필요 없는 물건을 무의식 중에 구입하는 등 감각적인 충동에 집착하는 타입인지 아닌지를 알아봄으로써 난교 성향 여부를 진단합니다.

즉 수가 많은 사람일수록 그 가능성이 크다고 할 수 있습니다.

① 10개는 족히 넘는다고 대답한 사람

한번 더 곰곰이 생각해 보세요. 실패한 물건이란 무심결에 사버린 물건 중에 사용하지 않는 것으로, 고민을 거듭한 끝에 샀음에도 불구하고 사용하지 않는 것은 포함되지 않습니다. 그래도 역시 10개 이상이라고 대답한 사람은 확실히 난교 성향이 있다고 할 수 있죠. 신경을 기울이지 않으면 당신은 주변 사람의 장난감이 될지도 모릅니다.

난교 성향이 있다는 것은 섹스에 있어 질보다 양을 중시하는 것입니다. 즉 남성과 여성 모두 특정 상대와 좋은 관계를 가지거나 깊은 관계를 만드는 것을 거부하고 있다는 것! 물론 경험이 풍부하고 모든 사람과 사이 좋게 지내는 일이 나쁘다고는 생각하지 않지만, 항상 넓고 얕은 관계만 맺어서는 한 사람을 진정 사랑하게 되었을 때 실패할 가능성이 큽니다.

두 사람이 함께 사랑을 만들어가고 좋은 관계를 구축하는 데 있어 마음의 교류가 결여되어 사랑을 키울 수 없게 되는 것입니다.

10개 정도인 사람은 난교 성향이 약간 있는 타입입니다. 당신은 난교를 할 자질은 가지고 있는 편이죠. 주변의 나쁜 친구가 무심히 능숙하고 자연스럽게 당신을 유도하면 당신은 자신의 의지와는 반대로 그 깊은 쾌락에 빠질지도 모릅니다.

그리고 무리 안에서 난교의 여왕 등으로 알려질 가능성도 있습니다. 당신의 마음 속 깊은 곳에는 무언가 충족되지 않아 참고 있는 욕구 불만이 있을 것입니다. 충족되지 않은 원인은 무엇인지, 그 원인이 단순히 섹스라면 곤란하지만, 외롭다고 여겨지는 원인이 무엇인지 스스로 분석해 섹스 이외의 것으로 욕구 불만을 해소하세요. 취미, 스포츠 등 무엇이라도 상관없습니다.

외롭다며 혼자 음지에 숨어 어둠 속에 빠져 있으면 빈틈을 파고들어 당신을 농락하고자 하는 사람들이 잔뜩 다가올지도 모릅니다. 욕구 불만을 담아 두지 말고 적극적으로 해소해 봅시다.

③ 5개 이상
있다고 대답한 사람

5개 이상이라고 대답한 사람은 일반적으로 난교 성향이 거의 없지만, 약간의 충격과 계기를 통해 난교에 대한 재능이 꽃을 피우는 타입입니다. 예를 들어 매우 사랑하는 애인으로부터 갑자기 예고도 없이 이별을 통보 받아 이유도 모른 채 실연 당하게 되면……

당신 안에 잠재되어 있는 외로움을 많이 타는 성향이 점차 증폭되어 난교에 빠지게 될지도 모릅니다. 달콤한 말로 구애하는 사람이 있으면 자신도 모르게 마음이 흔들리죠. 거기에 난교라는 위험한 관능의 세계가 기다리고 있을지도 모릅니다. 당신은 스트레스를 먹는 것으로 푸는 경우가 있지 않나요? 배 부른데도 끝없이 먹거나 마음에 드는 물건을 발견하면 충동적으로 사들여 카드 빚이 산더미처럼 쌓이거나. 그런 감각적인 쾌감을 탐하는 사람은 난교에 빠지기 쉽습니다.

의존심이 강한 당신은 타인의 관여에 무감각해지는 등 스스로 마음을 단련해야 합니다. 물론 계기가 없다면 당신이 난교에 빠질 일은 없을 것입니다.

④ 4개 이하라고
대답한 사람

당신은 지극히 평범한 사람으로, 난교 성향이 아주 조금 있는 타입입니다. 이상성욕 성향은 누구나 마음 속 깊은 곳에 다소는 가지고 있는 법입니다. 전혀 없는 쪽이 오히려 이상하며, 당신은 이른바 노멀한 타입이라 할 수 있습니다. 당신과 같은 타입은 설사 친구가 유혹해도, 실연이라는 큰 정신적인 타격이 있어도 결코 난교에 빠지지 않습니다.

난교는 성욕이 강한 사람이 빠지는 변태적인 성향이 아닙니다. 애인이 많은 사람이 반드시 난교를 한다고 할 수도 없죠. 또한, 스와핑도 난교에 가깝다고 생각하기 쉽지만, 한정된 상대와 하는 경우는 난교와 성질이 전혀 다르다고 할 수 있습니다. 즉 당신에게 난교 성향이 전혀 없다고 나와도 다른 고민들을 안고 있을 가능성을 다양하게 생각할 수 있습니다.

더욱이 성향이라는 것은 나이나 상황에 따라 변화하는 법입니다. 따라서 당신의 난교 성향은 지금부터 높아질 가능성도 있죠.

무심결에 산 물건 중에 실패했다고 생각한 옷이나 물건이 전혀 없다고 대답한 당신은 금욕적인 사람이라 할 수 있습니다. 즉 난교 성향은 제로. 그러나 금욕적인 사람은 여성의 경우 결혼할 때까지 처녀일 가능성이 높다고 생각됩니다.

금욕적인 면이 지나치면 혼기가 늦어지고, 결혼 후 자신의 것 가운데 실패했다고 생각되는 제1호가 남편이나 부인이 될 가능성도 큽니다. 고지식하고 융통성이 없다는 점도 연애에 있어서는 약간 깊이 생각해 볼 일이죠. 조금은 적당한 면이 없으면 애인을 만들기 어렵습니다. 이는 남성도 마찬가지입니다. 평소 쇼핑도 일일이 계산한 후 하는 까다로운 남성은 남자로서 재미가 없습니다.

그런 여자도 마찬가지로 재미없는 상대로 여겨지고, 나아가서는 애인이 잘 생기지 않는 타입이 될 수 있죠. 어쨌든 남성과 여성 모두 난교 성향은 차치하고 지나치게 강직하고 재미없는 사람이라 할 수 있습니다. 금욕 정신에도 유연성이 필요합니다.

15. 토끼와 거북이는 무엇을 걸고 경주했을까?

토끼와 거북이는

사실 무언가를 걸고 경주했습니다.

그것은 무엇일까요?

① 별장

② 자동차

③ 온천여행

④ 점심식사

COMMENTARY

이 테스트에서는 당신의 자기애를 측정할 수 있습니다. 자기애란 나르시시즘. 거울에 비친 자신의 모습을 넋을 잃고 바라보는 것이 일반적인 나르시시스트의 해석이지만, 이 테스트에서는 자신의 능력을 과시함으로써 만족을 얻는 타입의 나르시시즘을 볼 수 있습니다.

즉 이 테스트에서 고가의 것을 걸었다고 생각한 사람일수록 토끼와 거북이는 물욕을 위해 싸웠다고 생각하는 것입니다. 반대로 저렴한 물건을 선택한 사람일수록 일등상을 따는 우월감에 빠지고 싶기 때문에 두 마리는 싸웠다, 나르시시즘이 높다, 는 것입니다. 당신은 네 가지의 패턴 가운데 무엇을 선택했나요?

네 가지 패턴 중 가장 비싼 것을 선택한 당신은 나르시시즘 성향이 전혀 없다고 해도 무방합니다. 사랑 받기를 바라기 전에 사랑을 줄 수 있는 당신은 항상 외톨이. 보상을 신경 쓰지 않고 몸과 마음을 바쳐 상대에게 최선을 다합니다.

객관적으로는 봉사하는 것처럼 보여도 본인은 전혀 개의치 않죠. 상처 입기를 두려워하지 않기 때문에 상처 받는 일이 많을지도 모르겠지만, 그래도 당신은 항상 반쪽일 수 있습니다. 연애에 관해서는 가끔 멈춰서 친구나 주변 사람들의 조언을 듣는 것이 밝은 미래를 여는 열쇠일지도 모릅니다.

당신은 미래에 관해서도 스스로 길을 개척해 가는 타입입니다. 주변 사람들이 당신에게 맞지 않는 일이라 생각할지라도 당신은 가능성을 향해 도전합니다. 상대가 무언가 해주기를 바라지 않기 때문에 실패해도 다음 목표를 바로 찾을 수 있는 것입니다.

② 자동차를
선택한 사람

당신의 나르시시즘 성향은 꽤 낮다고 할 수 있죠. 연애 면에서 분석하면 당신은 자신의 일을 제쳐두고 상대를 중요하게 여길 수 있는 사람입니다. 상대방이 선물을 주지 않아도, 데이트 장소가 고급 레스토랑이 아니어도 당신은 상대에게 최선을 다합니다.

마음의 밸런스가 좋은 당신. 다만, 이 성향이 지나치면 당신은 빛을 잃게 될지도 모릅니다. 희생적인 만남을 계속하며 자기자신을 되돌아보지 않으면 멋 내기를 잊거나 자신의 미래를 찾을 수 없게 되니까요. 때로는 거울 앞에서 자신을 바라보며 잘못된 점을 바로잡는 것도 좋은 계기라 할 수 있습니다.

또한, 당신은 직장이나 가정에서도 밸런스가 좋은 성격이라 할 수 있습니다. 자신을 어필하기 전에 회사의 입장이나 메리트, 가정에서의 조화를 중요하게 여기는 사람이기 때문에 명쾌하게 행동할 수 있는 것입니다. 공적인 장소에서는 본보기와 같은 존재라 할 수 있겠네요.

당신은 나르시시즘 성향을 약간 가지고 있는 듯합니다. 사랑 받고 싶은 마음이 다분하지만, 타인에게 최선을 다하고 서비스할 수 있는 부분도 마음 한 편에 분명 자리 잡고 있습니다. 그러나 당신의 결점은 보였다 안 보였다 하는 강한 자존심. 당신은 능력을 인정받지 못하거나 바보 취급을 당하면 기분이 상하곤 합니다. 또 자신에게는 너그럽지만 타인에게는 엄격한 면이 있어 주변 사람들은 어느새 당신을 싫어하게 될지도 모르죠.

자기중심적인 사고방식에는 주의가 필요합니다. 뜻대로 되지 않는 일이라도 감정에 휩쓸리지 않고 때와 장소를 가려 자신의 마음 깊은 곳에 있는 나르시시즘과의 관계를 균형 있게 유지하도록 하는 것이 중요하죠. 특히, 직장, 학교 등 사람이 많을 때 당신은 주변에 대한 배려가 결여되는 경우가……. 사적인 시간 이외의 장소에서 주의하는 것이 중요합니다.

④ 점심식사를
선택한 사람

당신은 잠재의식에 꽤 강한 나르시시즘 성향을 가지고 있는 듯합니다. 점심식사는 네 가지 패턴 가운데 가장 저렴한 것. 순수하게 일등상을 받고 싶어하는 것은 자기 과시욕의 표현입니다. 나르시시즘 성향이 강한 사람은 예를 들어 연애 면에서 주인공이 항상 자기자신이어야 하죠. 함께 걷는 여자는 귀여워야 한다든지, 애인은 키가 커야 한다든지 상대를 자신의 액세서리처럼 여깁니다.

또 타인에게 사랑 받기만을 바라고 자신이 사랑을 주지는 않습니다. 연애하는 이유도 사랑을 하고 있는 자신의 모습에 취하고 싶기 때문이죠. 따라서 나르시시즘 성향이 꽤 강하다고 할 수 있습니다.

자신에 대해서만 생각해서는 사랑과 인생이 모두 원활하게 흘러갈 리 없습니다. 상대나 주변사람들에게 더욱 배려심 있게 행동할 수 있도록 합시다. 나르시시즘은 다른 방향에서 보면 정신적으로 아직 성숙하지 않은 것입니다. 당신은 아직 인생의 출발점에 서있을 뿐. 미래는 밝으니 노력해 봅시다.

16. 카지노 주인의 선물

강원랜드에 카지노를 하러 갔더니

10,000번째 손님 기념으로 선물을 받게 되었습니다.

다음 중 무엇을 받을까요?

① 당신만의 오리지널머신을 만들 수 있는 빠찡코 키트

② 디테일하게 관리된 앤티크 빠찡코 머신

③ 결과를 자유롭게 조절할 수 있는 빠찡코 머신

④ 최신식 빠찡코 머신

COMMENTARY

이 테스트는 이상성욕의 SM 편입니다. 아기일 때는 누구나 전능합니다. 젖을 물고 싶어하면 엄마가 다가와 가슴을 내주고, 기분이 나쁠 때는 누군가가 달래 줍니다. SM은 그런 어린 시절에 있었던 전능함을 되찾기 위한 행위입니다.

S=사디즘은 상대를 지배하는 환상을 즐기는 것입니다. M=마조히즘은 스스로 수난극을 연출하고 불쌍한 자신의 모습을 객관시해 상황을 지배하면서 스스로를 잊어버림으로써 쾌감을 느끼는 행위입니다. 따라서 지배하고 싶다는 욕구가 강하면 강할수록 SM 성향이 있다고 할 수 있습니다.

자신이 생각하는 대로 지배할 수 있는 오리지널머신을 만들 수 있는 빠찡코 키트를 선택한 당신은 틀림없이 SM 성향이 있다고 할 수 있겠네요. 당신은 독점욕이 아주 강해 한번 깊이 빠진 것에 대해 끝까지 파고들어 연구하는 타입입니다. 상대에게 고통을 주면서 신음 소리에 흥분을 느끼거나 굴욕적인 행위를 강요 받거나 상대의 마조히즘 세계를 슬쩍 경험함으로써 본인도 그 세계에 점차 빠져들 수 있죠.

요즘 섹스를 통해 자극을 느낄 수 없다, 만족감이 느껴지지 않는다고 생각하는 사람은 SM적인 판타지를 원하게 될 가능성이 있을지도 모릅니다.

②를
선택한 사람

앤티크한 것은 간혹 기술적으로 불완전하고 시스템이 단순하기 때문에 스스로 컨트롤하기 어려운 부분이 있다고 할 수 있습니다. 그런 앤티크한 빠찡코 머신을 선택한 당신은 지배욕이 있는 것. SM 따위 시시하다고 말하면서도 실은 SM 성향을 가지고 있는 사람이라 할 수 있습니다.

그리고 마음 속에는 한번 시도해 보고 싶다는 호기심이 가득합니다. 그 쾌감은 예를 들어 야생마를 길들이는 것과 같습니다. 난이도가 높기 때문에 지배하고 싶은 욕구도 커지는 것이죠. 당신은 입으로는 반대인 것처럼 말하지만, SM 플레이를 시도하는 순간 빠져들고 마는 타입입니다.

컨트롤은 하고 싶지만, 쉬운 방법으로 빠찡코를 지배하고 싶어 사이비 빠찡코 머신을 선택한 당신은 스스로 SM 성향이 없다고 하면서도 유행이라는 이유로 SM 클럽에 가는 사람입니다.

하지만, 당신은 기본적으로 SM 성향이 적다고 할 수 있겠네요. 따라서 플레이를 단순히 객관적으로 보고 즐기고 싶어하면서도 본인의 섹스에서는 역시 쉬운 방법을 선택하기 때문에 노력이 필요 없는 노멀한 섹스가 되는 것입니다.

개중에는 하는 대로 강요 받는 M 정도는 도전해도 된다는 타입이 있을지도 모르겠지만……

④를
선택한 사람

최신형 빠찡코 머신을 선택한 사람은 요즘 것 그대로 좋다고 여기며 현재 상태에 만족하는 타입. 즉 당신은 지배욕이 거의 없으며 SM 성향도 거의 없다고 할 수 있겠네요. 당신은 SM이 왜 즐거운지를 도무지 이해할 수 없어 합니다.

하물며 시도해 봐야지 라고도 생각해 본적이 전혀 없죠. 만약 당신의 애인이 그런 행위를 원한다고 하면 당신은 이상성욕에 한발이라도 들여놓는 것이 두려워 애인과 바로 헤어져 버립니다.
SM을 흉내 내는 것조차 거절할 정도로 당신에게 SM은 섬뜩한 일입니다.

17. 드라큘라가 빨아먹은 피의 색깔은?

배가 고픈 드라큘라는 언제나처럼 사냥감을 찾아 목덜미에서 피를 빨아먹었습니다.
하지만, 웬일인지 이상한 맛이 납니다.
자세히 보니 피가 빨간 색이 아니네요.

이 드라큘라가 빨아먹은 피는 무슨 색이었을까요?

① 초록색

② 흰색

③ 파란색

④ 검은색

⑤ 노란색

⑥ 밝은 핑크색

이 테스트에서는 당신의 발상능력, 생각의 유연함을 통해 사랑의 허용량을 진단합니다.

피는 일반적으로 빨간색이라고 생각하는 것이 당연하지만, 빨간색은 보기에 없습니다. 따라서 어떤 색을 선택하느냐에 따라 달라지는데 비현실적인 색을 선택한 사람일수록 사랑의 허용량이 크다고 할 수 있습니다.

비현실적인 색을 선택한 사람일수록 상대방의 입장에서 생각하거나 다양한 발상을 할 수 있어 사랑의 허용량이 크다고 할 수 있죠. 이는 색에 대한 기호에 따라 성격을 판단하는 것이 아닙니다. 상식에 얽매이지 않은 피의 색은 과연 무엇일까요? 체크해 보세요.

초록색은 식물, 곤충의 피로 연상하기 쉬운 색이죠. 요즈음 좀비영화 등에서 피 색으로도 자주 사용되는 색입니다.

따라서 당신은 사랑의 허용량이 작아 상식적인 사고가 선행함에 따라 의견이 다른 사람을 받아들이지 못하는, 쉽게 말해 융통성이 없는 타입이라고 할 수 있습니다. 본인 생각과는 반대로 사고하는 것에 유의하며 자기 나름대로 발상 훈련을 해봅시다. 그러면 사랑의 용량이 점점 커질 것입니다.

흰색은 우유, 모유, 식물의 수액 등 녹색과 마찬가지로 액체의 색으로 연상되기 쉽습니다.

따라서 당신은 사랑의 허용량이 그다지 크다고 할 수 없지만, 감각적인 허용량은 있다고 할 수 있죠. 타인을 더욱 관용하고 싶다면 감각에 의존하기보다 머리를 쓰는 훈련을 하는 것이 좋습니다. 예를 들어 만담 등에서도 계산된 유머가 있기 때문에 웃음이 통할 수 있는 것이니까요.

파란색은 정맥을 나타내는 색으로, 불끈 솟은 푸른 혈관이라는 말 등으로부터 발상할 수 있는 색이죠. 하지만, 순수하게 피 색깔이라고 생각했다면 꽤 독특한 발상이라 할 수 있습니다. 따라서 당신은 계산된 관용이 있는 사람입니다. 당신이 사랑의 허용량을 늘리고 싶다면 감각적인 감성을 키우면 좋을 것 같습니다.

예를 들면 묘한 것을 먹거나 희귀한 체험을 함으로써 허용량은 더욱 커질 것입니다.

당신의 발상은 꽤 흥미롭습니다. 하지만, 생물 중에는 오징어 먹물처럼 검은 액체를 배출하는 것도 있죠. 따라서 당신의 허용량은 아슬아슬하다고 할 수 있습니다.

당신은 성격이 약간 어둡지 않은가요? 발상은 독특하지만, 당신의 경우 기묘한 발상이라는 분위기가 있어 다른 사람이 알아차리지 못하는 경우도 자주 있죠. 허용량을 늘리는 것은 먼저 다른 사람들과 능숙하게 커뮤니케이션하는 것에서부터 시작된다는 것 잊지 마세요.

당신은 자타가 공인하는 유니크한 사람. 유머나 다양한 사람과 공감할 수 있는 혈을 짚어 사회에서 인정받을 수 있는 유니크한 발상을 할 수 있는 사람입니다.

당신은 모든 사람들의 생각을 정면에서 바라보며 긍정적인 의미로 재미있게 받아들일 수 있죠. 허용량은 충분하기 때문에 사회적인 지식과 시대의 흐름 등을 공부해 발상 센스를 더욱 키워가면 좋을 것 같습니다. 피가 노란색이라니 일반적으로는 떠올리지 않는 색이죠.

당신의 발상은 이상하기 짝이 없어 주변 사람이 이해하지 못할 정도입니다. 당신은 웃음을 유발하기 위해 종종 유니크한 말을 하는 타입이지만, 주변 사람들은 당신을 단순히 이상한 사람으로만 받아들이는 듯하네요.

반대로 생각하면 당신은 '일반적인 것'을 잘 받아들이지 못하는 사람이기도 합니다. 발상능력은 어떤 의미에서 하나의 재능이라 할 수 있습니다. 당신이 사회에서 그것을 활용하고 싶다면 사회에 어울리는 수준으로 발상을 전환할 필요가 있을 것 같네요.

18. 로또에 당첨 되면?

QUESTION

우연히 로또 3등에 당첨되었습니다.

당첨금을 받고 돌아오는 길에 복권 판매점을 발견했습

니다. 방금 받은 3등 당첨금 100만원,

복권 구입에 얼마나 쓸까요?

선택하세요

① 복권을 사지 않는다

② 10~30만원 정도 쓴다

③ 절반 정도 쓴다

④ 70~90만원 정도 쓴다

⑤ 100만원 모두 쏟아 붓는다

이 테스트에서는 이상성욕 중에서도 스카톨로지(scatology)에 관한 성향을 알아볼 수 있습니다. 스카톨로지란 분변음욕증으로 분변에 성적 쾌락을 느끼는 것입니다. 항문에 성적 쾌감을 느끼는 사람은 일반적으로 돈 내기를 꺼려 하는 것에서도 쾌감을 느끼는 경우가 있어 구두쇠이자 인색한 사람, 절약가이자 올곧은 사람, 나아가 청결에 매우 민감한 사람이라 할 수 있습니다.

구체적으로는 유아기에 배설 행위에 구애받는 환경에 있었던 사람이 스카톨로지 성향을 갖게 되는데 반대로 생각하면 구두쇠인 사람은 스카톨로지 성향을 숨기고 있다고 할 수 있습니다.

따라서 아무 일도 하지 않고 쉽게 번 돈이라도 쓰지 않는 사람은 구두쇠이자 스카톨로지 성향이 있는 사람이라고 진단할 수 있습니다.

① 복권을 사지
않는다고 대답한 사람

100만원을 획득한 방법은 사람마다 각각 다르겠지만, 설사 자신에게 그것이 큰 금액이 아니라도 횡재식으로 얻은 돈을 당첨될지 당첨되지 않을지 모를 복권에 거는 일은 상상할 수 없다고 생각하며 현금을 눈앞에 둔 순간 절약가가 되어버린 당신. 당신은 꽤 인색하고 구두쇠라 할 수 있겠네요.

손바닥 뒤집듯 바뀌는 구두쇠 감각은 스카톨로지에 심취할 가능성이 크다고 할 수 있습니다. 구두쇠일 뿐만 아니라 자신은 청결한 것을 좋아한다고 생각하는 사람은 틀림없이 그 감춰진 능력을 아직 꽃 피우지 않았을 뿐. 당신은 어렸을 때 똥을 만지작거린 경험이 있지 않은가요? 똥에 흥미를 보이는 아이는 확실히 스카톨로지 성향이 나타나는 사람이라 할 수 있습니다.

당신은 분명 섹스 중에 시도해 보면 최상의 희열을 느끼게 되겠죠. 더 이상 사지 않겠다고 대답해 지금 자신의 감춰진 기호에 눈뜬 사람은 도전해 보심이?

70~90만원은 빼두고 나머지 10~30만엔은 운이 좋음을 믿고 다시 복권에 걸겠다고 한 당신. 당신도 꽤나 구두쇠라고 할 수 있습니다. 그리고 스카톨로지 성향이 다분히 있는 타입이라 할 수 있겠네요.

당신은 상대의 배설물을 받아들이는 것까지는 쉽게 할 수 있습니다. 예를 들면 섹스 중에 소변을 마시거나 하는 정도라면 OK. 당신은 스카톨로지를 좋아하는 친구, 애인을 가지게 되면 바로 그 세계에 빠져들 것입니다. 그리고 일상생활 속에서 아무도 모르는 또 하나의 당신을 가지면서 그것에도 쾌감을 느낄 것입니다.

규칙적인 생활을 하지 않으면 마음이 내키지 않는다, 무언가를 쏘는 것이 싫다, 방에 머리카락 한올이라도 떨어져 있으면 짜증이 난다는 사람은 특히 스카톨로지 성향이 짙다고 할 수 있습니다. 지금 그렇지 않다고 강경하게 주장하고 있는 당신도 점점 위험해질 수도.

③ 절반 정도
쓴다고 대답한 사람

당신의 마음 속에는 스카톨로지 성향이 잠재되어 있습니다. 하지만, 강한 성향은 아닙니다. 당신은 애인의 배변 행위를 보거나 내 배변 행위를 보이는 것을 거부하지는 않습니다. 또 섹스 중에 상대가 방귀를 뀌어도 용서할 수 있습니다.

오히려 상대가 자신에게 마음을 열고 눈앞에서 방귀를 뀌었다고 기뻐하는 타입이죠. 그러나 이것만으로 실제 스카톨로지를 좋아하는지 판단하자면 가능성은 낮다고 할 수 있습니다. 당신의 경우는 만약 그런 상황이 닥쳐도 관장 정도로 흥분하는, 귀여운 스카톨로지며 그 이상 확대되지는 않을 것입니다.

또 책 등에서 스카톨로지 장면이 나오면 약간 성욕이 자극되기는 해도 더럽다는 생각이 강해 실제로 하지는 않을 것입니다. 애인이 노멀한 섹스를 원하는 한 당신은 노멀하지 않은 관능의 세계에 발을 들여놓는 일은 결코 없을 것입니다.

당신에게 스카톨로지는 친구들과의 웃음거리일 뿐 당신은 스카톨로지 성향이 거의 없는 타입입니다. 친구와 성적인 대화를 하다 스카톨로지 이야기가 나오면 더럽다며 야단법석을 떨지만, 말장난이라면 농담으로 흘려 들을 수 있습니다.

하지만, 진짜 그 행위를 보게 되었다! 당신은 눈에 담는 것조차 참을 수 없어 합니다. 기본적으로 당신은 섹스 중에 상대가 방귀를 뀌어도 용서할 수 없는 타입이기 때문이죠. 요즘은 논섹스 시대로 섹스에서 쾌감을 얻는 사람이 줄어들고 있습니다. 이런 가운데 SM이 유행하거나 기타 이상성욕에 빠지는 사람이 증가하는 것도 당연하죠.

따라서 당신 주변에도 의외로 노멀하지 않은 섹스를 원하는 사람이 많을지도 모릅니다. 설사 대화 중에 스카톨로지라는 말에 평소보다 과격하게 반응하면 오해받을 가능성이 있으니 주의하세요.

⑤ 100만원 모두
쏟아 붓겠다고 대답한 사람

복권으로 딴 100만원을 또 다시 전부 복권에 쏟아 붓겠다는 당신은 매우 호기로운 사람이군요. 그런 돈에 개의치 않는 당신은 스카톨로지 성향이 전혀 없다고 할 수 있습니다. 당신은 배설물, 배변 행위에 대해 말하는 것은 물론 듣는 것도 상스러운 일이라고 생각하는 타입입니다.

하물며 그 속에서 섹스를 하다니 절대 믿을 수 없죠. 그리고 상상하는 것도 거부합니다. 그러나 그 반대로도 생각할 수 있습니다. 당신은 배변 행위에 무신경한 타입이라는 것이죠. 스카톨로지란 오물에 민감하기 때문에 가능한 행위입니다. 따라서 스카톨로지 성향이 있는 사람들은 역으로 정리정돈을 좋아하게 됩니다. 즉 당신은 자기자신이 전혀 깨끗하지 않다고도 생각하고 있을 수 있습니다.

혹시 목욕은 매일 하나요? 방은 항상 깨끗한 상태인가요? 스스로 깨닫지 못할 정도로 청결하지 않은 타입이라면 스카톨로지도 당신에게는 접근하지 않겠네요.

19. 거북이의 마지막 한마디

괴롭힘을 당하고 있는 거북이를 도와준 후 용궁에 가게 된 토끼.

용궁에서 환대를 받고 3일 후 토끼는 한 선녀에게서 절대 열어보지 말라는 조언과 함께 구슬상자를 하나 받았습니다. 토끼는 그 상자를 들고 거북이 등에 올라타 다시 마을로 돌아왔습니다.

거북이는 헤어지기 전 토끼에게 어떤 말을 했는데요. 과연 무엇일까요?

토끼는 열지 말라고 한 구슬상자를 결국 열었습니다.

상자에서는 흰 연기가 피어나고, 토끼는 한 순간에 백발의 늙은이가 되어 죽고 말았습니다.

용궁의 3일은 지상의 300년과 같았던 것입니다.

선택하세요

① "약속을 잊지 마"

② "조심해"

③ "돌봐주셔서 감사합니다"

④ "안녕"

⑤ 상자를 가리키며 "좋은 게 들어있을 거야"

이야기 속에는 나오지 않는 어느 중대한 사실에 이 테스트의 열쇠가 있습니다. 그것은 용궁에 살고 있는 거북이가 상자 안에 무엇이 있는지를 당연히 알고 있다는 점입니다. 토끼는 거북이의 생명을 구해 준 은인. 두 사람은 부모와 자식처럼 강한 인연의 끈으로 연결되어 있었을 것입니다. 거북이는 상자 속에 감춰진 용궁의 비밀을 토끼에게 가르쳐 주고 싶었겠죠.

하지만, 어쨌든 토끼는 상자를 절대 열지 않겠다고 선녀와 약속했습니다. 과연 거북이는 토끼를 100% 신뢰하고 상자에 대해 이야기하지 않을까요? 아니면 쓸데없이 참견을 할까요?

이 테스트에서는 자식에 대한 사랑을 진단할 수 있습니다. 당신은 자식을 능숙하게 독립시킬 수 있을까요?

당신은 자식을 과잉보호할 가능성이 큽니다. 약속을 잊지 말라고 말한 것은 상대를 믿지 못하고 거듭 다짐하기 위해 선녀와의 약속을 재확인한 것입니다. 즉 당신은 부모가 되었을 때 필요 이상으로 자식을 간섭하고, 결과적으로 자식이 성인이 되어도 독립시키지 못하는 부모가 될 가능성을 암시합니다. 과도한 애정은 상대에게 단순한 참견으로 느껴질 수 있습니다. 서서히 신뢰라는 실을 끊어버리는 원인이 될 수도 있으니 주의가 필요합니다.

이 충고를 잊어버린다면 당신은 분명 자식의 결혼식에서 슬픈 만큼 당황하고 허둥댈 것입니다.

거북이는 토끼가 걱정되어 마음 속으로 갈등하지만, 모든 사실을 말할 수 없어 "조심해"라는 한마디를 남깁니다. 즉 당신의 자식에 대한 사랑은 지극히 평범한 편입니다.

"사랑스러운 아이는 여행을 시켜라". 당신은 자식에게 깊은 애정을 가지면서 능숙하게 키울 수 있는 타입이죠. 또 학교, 직장, 선배의 입장이 되었을 때는 후배와 적당히 좋은 관계를 유지할 수 있으며 신뢰를 얻을 수도 있습니다. 실제로 부모가 되면 다양한 상황에 고민하다 괴로워질 때도 있겠지만, 당신이라면 괜찮을 것 같습니다. 분명 능숙하게 자식과의 문제를 해결할 수 있을 거예요.

③을
선택한 사람

결혼식 전날 자식이 부모님에게 인사할 때 하는 말이죠. 하지만, 이 말은 반대로 해석할 수 있습니다. 거북이는 토끼의 미래를 걱정하면서도 그때까지의 두 사람의 관계에 일단 종지부를 찍고 상대를 다정하게 보내 줍니다. 자식에 대한 사랑도 마찬가지. 당신은 능숙하게 자식을 독립시킴과 동시에 자식에 대한 이상적인 사랑을 실현할 수 있습니다.

자식 이외에 회사, 학교에서 윗사람이 되었을 때도 후배나 부하로부터 절대적인 신뢰와 존경을 받을 수 있을 것입니다. "일이란 막상 해보면 쉬운 법이다"라는 말처럼 아이를 낳아 훌륭한 부모가 되어 보세요.

거북이는 생명의 은인인 토끼에게 충분히 감사 인사를 전했다고 해도 "안녕"이라는 한마디만 남긴 채 헤어지다니 지나치게 쿨하네요. 즉 당신은 자식에게도 꽤 쿨한 태도를 취하는 부모가 될 가능성이 높은 듯합니다. 자식은 나의 분신이지만, 태어나면 한 명의 인간. 아이는 방임해도 알아서 잘 자란다고 생각하는 타입입니다. 분명 이런 타입도 자식을 능숙하게 독립시킬 수 있겠지만, 애정이 결핍될지도 모릅니다. 사랑은 때로 쉽게 이해할 수 있는 형태로 표현하지 않으면 상대에게 전달되지 않습니다. 친절한 육아를 위해 힘쓰세요.

⑤를
선택한 사람

토끼는 상자를 열지 않았다면 젊은 육체로 제2의 인생을 살아갈 수 있었을 것입니다.
그런데 거북이는 오히려 "좋은 게 들어 있을 거야"라고 장난을 친다니……

이렇게 생각한 사람은 아직 부모가 될 자격이 없는 듯하네요. 사랑의 채찍이라는
말이 있지만, 상대방을 위기에 빠뜨리는 행위는 사랑이라고 할 수 없습니다. 자식
을 자기 장난감 정도로 취급하다니, 부모에 대한 자각이 부족한 부모, 그것이 당신
의 미래입니다. 학교에서 후배에게 심술궂게 굴지는 않나요?

한번쯤 자신을 되돌아보고 반성해야 할 점은 반성한 후 스스로 어른이 되고 나서
자식을 만드는 것이 좋을 듯합니다.

20. 저울의 균형을 맞추기 위해 선택한 것은?

다음 그림을 보세요. 저울이 있습니다.
한쪽에는 당신의 베스트프렌드가 있습니다.
이 저울의 균형을 맞추기 위해 당신은
다음 중 누구의 블록을 올리겠습니까?

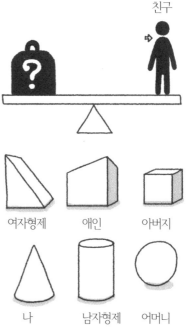

여자형제   애인   아버지

나   남자형제   어머니

친구 중에서도 베스트프렌드는 당신과 마음이 가장 잘 맞는 친구입니다. 그래서 이 테스트에서는 당신이 베스트프렌드에게 바라는 우정의 성향을 파악할 수 있습니다.

얹을 수 있는 블록은 하나로 한정되지 않습니다. 혹시 모든 블록을 얹은 사람도 있을지 모르겠네요. 블록을 여러 개 얹은 사람은 각 블록에 적힌 글자를 읽어 보세요. 모두를 믹스한 것을 당신은 베스트프렌드에게 바라고 있는 것입니다. 블록을 한 개만 얹은 사람은 그것만을 상대에게 강하게 바라고 있는 것이죠.

당신은 베스트프렌드에게 무엇을 바라고 있나요?

아버지는 "사회로 가는 창구"이자 사회적 권위, 사회적 규칙의 대명사입니다. 즉 당신은 베스트프렌드에게 아버지가 가지는 사회적 권위, 사회적 규칙의 표본을 바라고 있다고 할 수 있습니다. 예를 들면 지금 당신이 학생이라면 베스트프렌드는 학교에서 인정받는 인재임과 동시에 학교의 질서를 지키는 사람이기를 바랄 것입니다. 또 아버지란 본래 존경, 늠름함을 가진 존재였습니다.

따라서 당신은 그런 이른바 아버지다움도 친구에게 원한다고 할 수 있겠네요. 당신이 하면 안되는 일을 했을 때 엄격하게 꾸짖어 주는 강인함, 무언가 트러블이 발생했을 때 도와주는 늠름함 등 다양한 아버지상을 친구에게 포개어 생각하고 있는 것입니다. 이런 생각은 요즘 시대에 맞지 않는 생각인 듯하지만, 여기에서 말하는 아버지다움이란 위엄을 가진 원래의 아버지상입니다.

하지만, 친구는 어디까지나 대등한 입장에 있는 법이죠. 너무 어리광을 부려서는 안됩니다.

당신은 친구에게서 어머니와 같은 사랑을 원하고 있군요. 그것은 무조건적으로 당신을 받아들여 주는 온화함, 그리고 포용력입니다. 아무리 힘든 일이 있어도 만나면 편안하게 위로해 주는 친구, 아무리 나쁜 짓을 해도 먼저 당신의 이야기를 들어주는 친구. 그런 온화한 어머니와 같은 마음을 친구에게 바라고 있는 것입니다.

하지만 조심하세요. 어머니는 당신의 엄마이기 때문에 당신을 예뻐하고 사랑해 주는 것입니다. 친구에게 어머니의 사랑만을 바라다 보면 그는 뒤돌아보지 않고 당신 곁을 떠나버릴 수도 있습니다. 애정을 원하기만 하고 본인은 그 친절함, 온화함을 잊어버리면 진짜 어머니가 아닌 한 그 인간관계는 무너지게 됩니다. 어머니이기 때문에 허용되는 일은 당신이 생각하는 것 이상으로 많습니다.

아니면 당신은 마마보이 또는 마마걸 성향이 있을지도 모르겠네요. 어머니에게 너무 의존하지 않도록 주의하세요.

당신은 친구에게 애인의 역할을 겹쳐 생각하고 있군요. 친구라는 말에 이성을 떠올린 사람이 있을 것 같은데요. 그 사람은 평소 이성 간의 우정이 있을 수 있다고 호언장담할지 모르지만, 아무래도 당신은 그 친구를 사랑하고 있는 듯합니다. 실은 마음 속 깊은 곳에서 그 친구가 당신의 애인이 되기를 기대하고 있는 것이죠. 친구가 동성이라면 조금 위험한 생각이지만, 당신은 친구에게 애인에 버금가는 사랑을 원하고 있는 것. 다시 말하면 동성애 성향을 가지고 있다고 할 수 있습니다.

당신이 여성이라면 상대방에게 남자친구, 즉 자신을 이끌어 주는 남성적인 강인함을, 당신이 남성스러운 여성이라면 자신에게 헌신하는 사랑스러움을 원하고 있는 것. 어떤가요? 당신은 친구에게 우정 이상의 사랑을 원한다고 느낀 적이 있나요? 그것은 착각이 아닙니다.
당신은 마음 속 깊이 우정이 발전하기를 바라고 있는 것입니다.

남자형제 블록을 선택한 사람은 두 가지로 나눌 수 있습니다. 먼저 당신은 남성인가요, 여성인가요? 당신이 남성인 경우 형제는 동성입니다. 당신은 친구에게 형처럼 본인 이상의 지성과 체력을 가진 동경의 존재이기를 바라고 있습니다.

아니면 자주 만나지는 않아도 아주 힘든 일이 있을 때 나약한 부분을 모두 보여줄 수 있는 동생과 같은 존재이기를 바라는 것입니다. 반대로 당신이 여성인 경우, 원하는 것이 다소 다릅니다. 여성에게 오빠는 남매이지만 애인 삼고 싶고 자랑하고 싶으며 의지할 수 있는 존재. 남동생은 무엇을 해도 귀엽게 여겨지는 연하 남자친구와 같은 존재입니다.

당신은 친구에게 그런 타입을 바라고 있는 것이죠. 하지만, 사람마다 받아들이는 방식이 다를 수 있으니 남자형제가 있든 없든 자신에게 남자형제가 있다면 어떨까 상상하며 자기자신의 심층심리를 탐구해 보세요.

여자형제 블록을 선택한 사람은 두 가지로 나눌 수 있습니다. 이것은 남자형제를 선택한 사람과 같은데 여자형제가 자신과 이성인지, 동성인지로 분석 방법이 다소 달라지기 때문입니다. 단순히 말하면 당신이 남성인 경우, 당신은 친구에게 자신과는 다른 이성, 즉 여성적인 성격을 바라는 것.

여동생처럼 오빠를 동경해 주는 사랑스러움 혹은 누나처럼 약간의 잔소리가 포함된 애정을 친구에게 바라는 것이죠. 만약 당신이 여성이라면 당신은 친구에게 언니, 여동생과 같은 애정을 바라는 것이 됩니다.

즉 친구이지만 옆에서 항상 서로 상담하고 무엇이든 이야기할 수 있는 존재였으면 하는 것! 애인, 공부, 나아가 성적인 고민까지도 무엇이든 상담할 수 있는 것이 여자형제이기 때문입니다. 구체적으로는 당신에게 만약 여자형제가 있다면 어떨까 상상해 보는 것이 좋겠죠.

나 블록을 선택한 사람은 친구가 자신과 같은 가치관을 가지고 자신과 완전히 닮은 존재이기를 바라고 있습니다. 취미, 스포츠, 음악 등 하나에서 열까지 같은 것을 좋아하며 호흡이 잘 맞는 친구. 이것은 자주 있는 패턴이죠. 일반적으로 전혀 어울리지 않을 듯한 성격을 가진 친구를 원하는 경우도 있지만, 반대로 형제나 자매라는 착각이 들 정도로 얼굴까지 닮은 친구를 가지고 있는 경우도 많습니다. 당신은 후자에 속합니다.

이런 타입은 서로 마음이 잘 맞기 때문에 학교나 직장에서 그리고 휴일에도 똑같이 행동합니다. 다만, 좋아하는 사람의 타입까지 같으면 약간 곤란할 수 있습니다.

그렇게 사이가 좋았는데 한 사람을 사이에 두고 크게 싸워 평생 으르렁거리는 사이가 되었다는 슬픈 결말을 들은 적이 있는데요. 사랑이냐 우정이냐 결정하기 어렵겠지만, 바라건대 유쾌하지 않은 결말은 맺지 않았으면 합니다.

21. 경마 기수가 됩시다

당신은 경마 기수입니다.

드디어 레이스 스타트!

하지만, 당신이 탄 말이 달리지 않습니다.

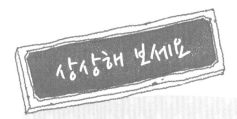
상상해 보세요

① 당신의 말은
   왜 달리지 않았을까요?

② 다음 레이스에서
   그 말은 어떻게 되었을까요?

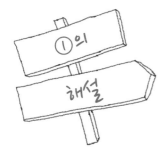

레이스에서 달리는 말은 직장에서 일하는 당신 자신을 나타냅니다. 즉 이 테스트 ①에서는 당신이 일에 대해 열의를 잃은 이유를 파악할 수 있습니다. 요즘 일이 재미없다고 생각하지 않았나요? 아니면 아침에 눈을 뜨고 회사에 가기 싫다고 느낀 적은 없나요? 그렇다고 해서 일에 대한 애정이 식었다고 말하는 것은 약간 억지일 수 있지만, 자각 여부와 관계없이 그 이유가 무엇인지, 실제로 영향을 미친 결정적인 원인은 무엇인지를 이 테스트에서 판단할 수 있습니다.

예를 들면 말이 달리지 않는 이유는 배가 고프기 때문이라고 대답한 사람은 말이 영양을 충분히 섭취하지 못하고 있다는 것으로, 당신은 급여에 대해 불만이 있다고 할 수 있습니다. 당신은 일에 대한 애정이 없는 것이 아닙니다. 보수에 대한 불만이 일에 대한 애정을 반감시키고 있는 것이죠. 지금 월급을 받을 때 자신의 모습을 떠올려 보세요. 기쁘다는 느낌이 먼저입니까, 월급이 적다는 느낌이 먼저입니까? 만약 일에 비해 평가가 낮다고 생각한다면 연봉 협상을 진행하는 것도 좋은 방법입니다. 문제를 솔직히 말해 납득할 수 있는 답을 얻지 못한다면 당신은 직장, 나아가 일에 대한 애정을 잃게 될 수도 있습니다.

또 독약을 먹었다고 대답한 사람도 있을 것 같은데요. 이 사람은 사내에 있는 부정에 의문을 품고 있는 듯합니다. 부정이라는 말은 약간 과장일 수 있지만, 범죄에 연루되는 정도까지는 아니더라도 예를 들면 상사가 회사 돈으로 술을 마시거나 낙하산이 들어와 고생도 하지 않고 자기보다 먼저 승진하는 등 사내의 부조리한 일에 대해 분노를 느끼고 있는 것입니다. 말이 병에 걸렸다고 대답한 사람은 육체적인 피로가 쌓였거나 정말 병에 걸려 일에 몰두하지 못하고 있는 듯합니다. 기수와 말이 싸웠다고 대답한 사람. 이 사람은 회사에서 자신이라는 말을 움직이게 하는 사람, 즉 상사와 사이가 좋지 않다고 판단할 수 있습니다.

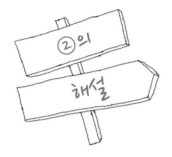

②의
해설

테스트 ②에서는 당신의 일에 대한 미래를 예상할 수 있습니다. 이 테스트의 포인트는 말이 달렸느냐 달리지 않았느냐 입니다. 어떤 형태로든 달렸다고 대답한 사람은 문제를 해결해 의욕을 가지고 일을 재개할 수 있습니다. 물론 어떻게 달렸는지 구체적인 내용은 다양하겠죠. 예를 들면 출발은 늦었지만 느릿느릿 달리기 시작했다, 출발은 좋았지만 최종적으로 길을 벗어났다는 것은 열의를 가지고 일하게 되었지만, 직종·회사를 바꿀 가능성이 크다는 것입니다. 또한, 출발은 어찌 되었든 이후 주변에 있는 말들을 차례차례 제치고 레이스에서 우승했다고 대답한 사람. 당신은 사내에서 평가가 점차 높아져 최종적으로 일에 대한 의욕으로 가득 차게 될 것입니다.

반면, 달리지 않았다고 대답한 사람. 당신은 그 직장에 있는 한 현시점에서 일에 대한 애정이 살아나는 일은 없을 것 같습니다. 그대로 레이스에 나오지 않았다고 대답한 사람은 분명 그 회사를 그만둘 것입니다. 게이트에는 들어갔지만 출발하지 않았다고 대답한 사람은 회사를 그만두지는 않지만 열의 없이 타성적으로 일을 하는 월급도둑이 되고 말 것입니다.

또 출발했지만 중간에 멈추었다고 대답한 사람. 당신은 노력하려고 하지만 최종적으로 시합을 포기한 것이죠. 즉 회사를 그만둔다는 뜻입니다. 출장을 중지 당했다고 대답한 사람은 자의가 아니라 회사 측으로부터 해고를 당할지도 모른다는 불안에 휩싸여 있는 듯합니다.

말이 달리든 달리지 않든, 일에 대한 애정을 가지든 가지지 않든 모든 것은 당신에게 달려 있습니다.

22. 꽃을 피게 하는 할아버지에게 무슨 일이 일어났을까?

고목에 꽃이 피게 하는 할아버지.

자연을 거슬러 무리하게 꽃이 피게 했기 때문에

곤란한 일이 일어났습니다.

과연 무슨 일일까요?

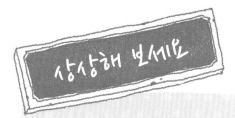

①마을에 있는 나무가 모두 말라 죽었다

②할아버지가 병에 걸렸다

③할아버지 집에 도둑이 들었다

④날씨가 이상해졌다

⑤농작물이 여물지 않게 되었다

⑥신의 노여움을 사 마을에 천벌이 내려졌다

⑦할아버지가 아이돌이 되었다

인간들은 현재 지구상에서 과학과 기술의 힘으로 자연 파괴를 일으키고 있습니다. 억지로 꽃을 피게 한다는 이야기는 이러한 현대 인류가 살아가는 법을 투영하고 있습니다.

따라서 이 테스트에서는 세계적으로 혼재하고 있는 모든 문제 가운데 당신은 어느 분야에서 시대의 위기를 통감하고 있는지 판단할 수 있습니다. 주제는 즉 지구에 대한 사랑! 당신이 우려하는 지구의 미래라는 커다란 사랑을 진단합니다.

TV는 매일같이 자연재해, 전쟁, 기아, 질병, 환경오염 등 세계의 다양한 뉴스를 전달하고 있습니다. 당신은 이러한 뉴스들을 마음 속 깊이 공포로 느끼고 있을까요?

①을
선택한 사람

당신은 현재 환경파괴에 큰 위기감을 느끼고 있습니다. 인류가 살아가기 위해 행하고 있는 행위는 해수오염, 초원의 사막화 등을 일으켜 동물과 물고기들이 서식할 장소를 서서히 위협하고 있습니다. 또한, 이 지구상에서 인간만이 훌륭하게 살아가고 있는 것처럼 보이지만, 이러한 행위는 인류가 거주할 장소도 위협해 결과적으로 인류까지 멸망시킬 수 있습니다.

당신은 이렇게 느끼고 있는 것이죠. 당신은 생태학이라는 글자 자체에 민감하게 반응합니다. 잡지 표지에서 생태학이라는 글자를 발견하면 무의식적으로 그 잡지를 사게 되지 않나요? 어떠세요? 스스로를 한번 되돌아 보세요.

이 패턴을 선택한 사람은 질병에 대한 위기감을 강하게 느끼고 있습니다. 특히, 노인병으로 알려진 치매와 암의 발병나이가 매년 낮아지고 있어 30대에 치매가 시작되거나 죽음에 이르는 암에 걸리는 등의 뉴스를 들으면 공포감을 느낍니다. 약간의 건망증으로도 치매 초기가 아닐까, 컨디션이 나빠지면 암이 발병하지 않을까 하는 걱정을 합니다. 과도하게 신경질적으로 변하거나 노이로제가 생길 수 있으니 주의가 필요합니다.

어쨌든 당신은 앞으로 전 세계적으로 위험한 질병이 확산되어 지구에 위기에 닥칠 것이라고 우려하고 있습니다.

③을
선택한 사람

도둑이 들었다고 생각한 사람은 인류의 무절제함에 위기감을 느끼고 있습니다. 사리사욕으로 인해, 또 각자의 주장으로 인해 일어나는 분쟁과 전쟁. 그것은 가까운 미래에 전세계를 둘러싼 핵전쟁을 발발시키게 되지는 않을지. 그렇게 되면 지구라는 별은 어느덧 우주의 먼지가 되어 있을지도 모를 일입니다. 당신은 이런 상상을 하면 밤에도 잠들지 못하는 타입입니다.

전장에 남겨진 아이들의 영상을 보고는 눈물을 흘리고, 공포가 정의감으로 변해 언젠가 전장에 서있을 자신의 모습을 상상하며 매일 열심히 트레이닝하는 사람도 있을지 모르겠습니다.

마을에 장대비가 계속 쏟아져 대홍수가 일어났거나 겨울도 아닌데 눈이 엄청나게 쌓였거나 마을의 기온이 단번에 오른 등의 이상기온이 발생할 것이라고 생각한 사람. 당신은 지구를 위협하는 요인이 이상기온이라고 여기고 있는 듯합니다. 이러한 타입은 평소에도 사계절의 변화, 기후에 민감한 사람이 많을 것입니다.

또 항상 에너지 절약에 유의하며 친환경적인 생활을 실천하고 있겠죠. 어쨌든 이상기온을 방지하기 위해 우리가 할 수 있는 일은 지극히 한정되어 있습니다.

야외스포츠 등을 통해 자연을, 지금의 지구를 마음껏 즐기시기 바랍니다.

⑤를 선택한 사람

농작물이 여물지 않는다는 것은 마을 사람들의 기아 상태를 뜻합니다. 즉 식량 위기. 당신은 미래의 지구에 식량 위기가 도래할 것을 우려하고 있습니다. '설마'하는 불안 때문에 냉장고에 넘칠 정도로 식품을 쟁여 두거나 요리책을 연구해 보존식품을 만든 경험이 있지 않으신가요?

의외로 단순히 먹는 것을 좋아하기 때문일 가능성도 있지만, 당신은 마음 한 구석에서 개인 단위가 아닌 지구 규모의 기아를 우려하고 있는 듯합니다.

밥을 남기는 일은 당치도 않죠. 만들어진 음식은 모조리 먹어 치우고 다른 사람의 그릇까지 깨끗하게 비우는 사람이 바로 당신입니다.

갑자기 마을에 대지진이 들이닥쳤다. 화산이 분화하고 마그마가 마을을 뒤덮었다. 자연의 사이클을 무시하고 꽃을 피게 한 할아버지는 신을 모독한 것이나 다름없다! 신으로부터 천벌이 내려졌다! 이렇게 상상한 사람은 자연재해에 대한 위기감이 강한 타입입니다.

즉 앞으로도 화산 분화, 대규모 지진이 계속 일어날 것이라고 직감하고 있는 타입이죠. 자연재해는 예측할 수 있지만, 방지하는 것은 쉬운 일이 아닙니다.

당신이 앞으로 할 수 있는 일은 바이러스 연구, 신에 대한 믿음과 기도뿐. 당신은 의식 아래에 지구에 대해 매우 큰 사랑을 품고 있는 것으로 보입니다.

⑦을

선택한 사람

당신은 초낙천가. 강하게 말하면 덜렁이. 당신은 현재 지구가 안고 있는 다양한 문제에 거의 무관심합니다. 몇 십년, 몇 백년 후의 지구를 걱정하기보다는 현재 자신의 생활이 중요한 것이죠.

하지만, 모든 지구 문제는 언제 당신의 생명, 또 당신의 생활을 위협할지 모릅니다. 때로는 신문과 뉴스를 보며 현재 지구가 놓여진 상황을 공부합시다.

그래도 역시 자신과 무관한 일이라고 생각한 당신! 어쨌든 길거리에 쓰레기를 함부로 버리지 않는 등 실생활에서 친환경적인 의식을 잊지 마세요.

23. 몸 위에 기어 다니고 있는 것은……

당신은 산적에게 붙잡혔습니다.
알몸으로 지하실 바닥에
결박되어 있는 상태입니다.

문득 정신을 차려보니 몸 위에서
어떤 생물체가 기어 다니고 있습니다.
과연 그것은 무엇일까요?

상상해 보세요

① 쥐

②도마뱀

③뱀

④바퀴벌레

⑤달팽이

이 테스트는 매우 느낌이 좋지 않은 상황이지만, 주제가 스킨십입니다. 작은 생물은 아이를 상징합니다. 즉 이 테스트에서는 모성애와 부성애, 즉 아이들을 좋아하는지 좋아하지 않는지를 파악할 수 있습니다.

몸 위를 기어 다니고 있는 작은 생물이 보다 인간에 가까운 것이라고 대답한 사람일수록 어린 아이와의 스킨십을 무의식적으로 원하고 있으며 아이들을 좋아한다고 분석할 수 있습니다. 반대로 피부에 닿아 있는 것이 귀엽다기보다 기분 나쁘다, 무섭다고 생각한 사람일수록 아이들을 싫어하는 것이죠.

아이들을 싫어한다고 말하는 사람이 의외의 진단을 받을 가능성이 있을지도?

① 쥐라고
대답한 사람

쥐는 미키마우스로 대표되듯이 매우 의인화되기 쉬운 동물입니다. 즉 쥐는 인간과 같은 포유류이므로 보기 5개 중 인간과 가장 가까운 생물이라 할 수 있습니다.

당신은 아이를 좋아하는 것으로 자타가 공인하는 사람입니다. 아이를 보면 꼭 안아주지 않나요? 다른 사람의 아이도 귀여운데 자신의 아이라면 더욱 사랑스럽겠죠. 또 아이를 좋아하는 당신은 친척, 친구들이 아이를 맡아달라고 부탁하는 경우가 많지 않은가요? 당신은 아이처럼 순수한 마음을 가지고 있기 때문에 주변 사람들로부터 커다란 신용을 받고 있는 것입니다.

당신은 아이들을 좋아하는 타입입니다. 당신은 어린 아이들이나 아기들이 잘 따르지 않나요? 아이들은 본능적으로 자신들을 좋아하는 것을 직감하는 것입니다. 당신은 어린 시절에 보모나 보부를 꿈꾼 적은 없나요? 실제로 보모가 된 사람도 많겠지만, 희망대로 보모가 되지 못한 사람도 자신의 아이를 3명 정도 낳고자 하지는 않는지요.

당신은 분명 멋진 엄마가 될 수 있습니다. 물론 남성도 틀림없이 훌륭한 아빠가 될 수 있을 거예요. 따뜻하고 편안한 가정을 만들 수 있으리라 믿습니다.

③ 뱀이라고
대답한 사람

당신은 지극히 평범하게 아이를 대하는 사람으로 상식적인 선상에서 아이를 좋아한다고 할 수 있습니다. 백화점의 어린이용 매장에 가면 당신은 "귀여워"라는 말을 연발하지만, 실제로 낳기는 귀찮고 키우기도 힘들 것이라 생각합니다. 아이는 귀엽지만 자신의 배를 앓는 것에는 용기가 필요하다고 생각하는 것이죠. 알로 낳고 싶다고 해도 그렇게는 되지 않겠지만, 당신이라면 괜찮습니다. 아이를 낳으면 분명 아픔을 잊고 맹목적으로 사랑하게 될 것이기 때문이죠. 아빠가 된 사람은 자신의 아이를 위해 부지런히 일할 것입니다.

당신은 결코 아이로 인해 스트레스를 받아 아이를 학대하는 타입이 아닙니다.

귀여워~♥

당신은 결혼을 하더라도 아이는 없어도 된다고 생각하는 타입입니다. 실제로 자기 아이를 낳으면 소중하게 키우겠지만, 다른 사람의 아이들은 그저 시끄러울 뿐인 생명체라고 여기는 타입이죠. 전철에서 아이가 소란을 피우면 당신은 화까지 내지는 않아도 짜증이 나서 옆 칸으로 옮겨 갑니다. 또 친구가 아이를 데리고 당신 집에 놀러 오고 싶다고 하면 당신은 마지못해 허락하기는 하지만, 마음 속으로는 아이를 데리고 오지 않았으면 하고 바랍니다.

이런 타입이 만약 임신을 한다면 스트레스가 쌓이지 않는 융통성 있는 환경 속에서 출산하는 이 좋을 것 같네요.

⑤ 달팽이라고
대답한 사람

당신은 확실히 아이를 싫어합니다. 결혼해도, 상대가 아이를 원해도 당신은 결코 아이를 낳으려고 하지 않는 타입입니다. 아이는 시끄럽고 귀찮을 뿐. 당신은 결혼식 등에서 친구와 친척의 아이들과 동석하기는 해도 일부러 가까운 자리에 가지는 않습니다. 아기를 안고 있는 것도 고통스럽죠. 따라서 당신은 디즈니랜드, 유원지처럼 아이들이 많은 장소도 매우 싫어합니다. 파스텔톤의 귀여운 어린이용 상품이나 그림도 기호에 맞지 않습니다.

당신과 같은 타입은 아이를 낳아도 모성애, 부성애가 생기지 않을지도. 그냥 낳지 않는 편이 나을지도 모르겠네요.

24. 다람쥐가 이리에게서 도망칠 방법은?

당신은 다람쥐로 변신해
배가 고파 숲 속을 돌아다니고 있습니다.

그런데 갑자기 사냥감을 찾고 있는 이리를 발견.
큰일입니다.

운 좋게 다람쥐는 이리로부터 도망칠 수 있었는데요.

과연 어떻게 도망쳤을까요?

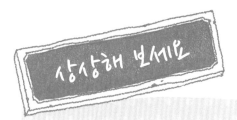

상상해 보세요

① 이리가 다른 사냥감을 발견했다

② 다람쥐가 기절해 버렸다

③ 나무 위에 올라갔다

④ 매우 강한 다람쥐였기 때문에 이리와 싸워 이겼다

⑤ 그저 달려서 도망쳤다

이리가 갑자기 나타난 것은 예기치 못한 재난이라 할 수 있습니다. 사람은 여유가 있을 때 주변 사람들에게 상냥하게 대할 수 있지만, 위기의 순간에는 본성이 드러나는 법이죠.

즉 이 테스트에서는 당신의 주변인에 대한 사랑을 진단할 수 있습니다. 예기치 못한 재난을 만난 다람쥐는 당신 자신. 매우 당황한 다람쥐가 취한 행동은 당신이 예기치 못한 사건을 만났을 때 취하는 행동과 같습니다.

숲 속에는 이 다람쥐 외에도 많은 다람쥐가 있을 것입니다. 그러한 주변 상황을 고려해 사랑이 담겨 있는 행동을 취할 수 있는지 없는지. 다섯 가지 행동을 통해 주변인에 대한 사랑을 분석해 봅시다.

①을 선택한 사람

이리가 다른 사냥감을 발견해 사라졌다는 생각은 이기적인 생각입니다. 그 사냥감이 다른 다람쥐였다면 당신은 구하고자 하는 마음도 없는 이기주의자라 할 수 있죠. 친구를 이리 앞에 내놓고 자신은 도망친 것이나 다름 없으니까요. 따라서 당신은 주변인에 대한 사랑이 전무하다고 할 수 있습니다. 이웃이 있어도 과연 친해질 수 있을지 의문입니다. 본인이 힘들 때는 다른 사람들의 도움을 원하지만, 정작 다른 사람이 힘들 때는 모르는 척. 주변 사람이 난처한 상황에 처해도 나만 괜찮으면 된다는 생각이 당신의 진심입니다.

허둥지둥

(앗)

다람쥐가 기절해 버렸다는 것은 숲 속에서 곰을 만났을 때와 마찬가지로 "죽은 척"을 하는 것으로, 이것 또한 결코 주변을 고려한 행동이라고는 할 수 없습니다. 주변에 대해 생각할 여유가 전혀 없기 때문이죠.

따라서 ②를 선택한 사람은 이웃과 사귀는 일이 서툽니다. 주변인에 대한 사랑이 거의 없는 당신은 이웃과도 거의 대화하지 않습니다. 자신의 집안 문제는 자기 가족과 해결하는 대신 다른 사람의 집안 일에도 간섭하지 않습니다. 도시에서 생활하는 사람은 이것이 당연한 일일지도 모르겠지만, 약간 외로울 것 같긴 하네요.

③을
선택한 사람

나무 위에 올라 재난을 피했다고 대답한 사람은 위기의 순간에는 의지할 수 없는 타입입니다. 수고를 아끼지 않지만, 자신만 살고자 하는 마음이 훤히 내다보입니다. 당신은 가까운 이웃집과 알고 지내기는 해도 모두 함께 무언가를 할 때 솔선해 돕지는 않습니다.

예를 들면 몇 가족이 함께 캠프에 가기로 했습니다. 당신은 자기 가족에게 필요한 것을 산더미처럼 쌓아 가져 가지만, 모두가 사용해야 하는 것은 신경 쓰지 않습니다.

또 쓰레기 버리는 날에는 이웃들이 분담해 쓰레기 화수장소를 청소를 하기로 해놓고는 자신의 당번 날짜를 바로 잊어버리는 타입이죠.

엄청 강한 슈퍼 다람쥐라고 생각한 사람. 당신은 크게 의지가 되는 사람입니다. 주변 사람들을 잘 돌보고, 이웃과 사귀는 데에도 적극적이죠. 실제로 주변 사람들이 당신의 친절을 어떻게 받아들이고 있을지는 모르겠지만, 당신은 그런 평가를 신경 쓰지 않고 친절을 베풉니다. 이웃집에 트러블이 발생했다는 이야기를 들으면 앞장서 문제를 해결하고자 합니다.

자신은 그것을 해결할 수 있는 만큼의 기량이 있다는 자신감을 가지고 있기 때문이죠. 어쩌면 당신은 그저 남을 돌봐 주기 좋아하는 타입으로, 주변의 평가는 좀 의문일지도.

⑤를 선택한 사람

그저 달려서 도망친 것은 가장 정직한 판단으로 느껴집니다. 잘 도망쳤을지는 모르겠지만, 타인과 주변인을 고려하지 않고 자신만 도망칠 수 있도록 계산했다고도 생각할 수 없기 때문에 당신은 순수하게 정직한 사람이라 할 수 있습니다. 당신은 이웃과의 관계를 매우 소중하게 여기죠. 예를 들면 부동산 사람이 그 지역 전체를 인수하려고 했을 때 당신의 이웃이 지역 사람들과 결속해 저항할 계획을 세웁니다. 당신은 물론 이 계획에 참가할 것입니다.

하지만, 상대가 고액의 돈으로 당신을 유인하면 당신은 가장 먼저 부동산 편으로 돌아서 버릴 사람입니다. 정직한 사람이기 때문에 그런 것이므로 어쩔 수 없죠.

25. 궁전에 불이 났다!

왕이 살고 있는 궁전에 불이 났습니다.

얼마나 피해를 입었을까요?

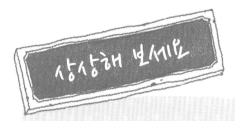

① 하나도 남김없이 모조리 타버렸다

② 대부분 탔지만 일부는 남았다

③ 절반 정도 탔다

④ 일부가 탔지만 거의 괜찮았다

⑤ 작은 불로 끝났다

궁전은 당신 자신을 나타냅니다. 궁전에 불이 난 것은 당신의 파괴충동으로, 자포자기 상태인지 아닌지를 파악할 수 있습니다. 따라서 이 테스트에서는 당신의 자기애를 진단할 수 있습니다.

전소되었을 정도로 피해가 크다고 대답한 사람은 자신이 어떻게 되어도 상관없다며 자포자기 상태에 있다는 것. 반대로 피해 비율이 적다고 대답할 사람일수록 자신의 몸과 건강을 소중히 여기는 자기애가 있는 사람이라 할 수 있습니다.

당신이 상상한 궁전은 지금 어떤 상태인가요?

① 하나도 남김없이 모조리
타버렸다고 대답한 사람

당신은 현재 깊은 자포자기 상태에 빠져 있는 듯합니다. 당신은 자신의 미래가 어떻게 되든 상관없다고 생각하며 무의식 속에서 스스로를 괴롭히고 있습니다. 자신은 하고 싶은 일을 하고 있으며 짧고 굵게 살겠다고 생각하는 타입이지만, 사실 자신의 미래에 대해 희망을 잃고 될 대로 되라는 식으로 살고 있을 뿐이죠. 술, 담배 등 몸에 해로운 것을 모두 하고 있지는 않은가요? 그것은 마치 사신과 춤을 추고 있는 것과 같습니다.

자기 몸은 주변 사람들이 이러쿵저러쿵 관여해도 결국 스스로 챙기지 않으면 안됩니다. 걱정해 주는 사람이 주변에 있다면 아직 괜찮지만, 주변 사람들도 결국 당신을 위험한 사람이라 생각하며 등을 돌려 버릴지도 모릅니다.

또 전소되었다고 대답한 사람 중 안쪽은 너덜너덜하지만 바깥쪽은 형태가 보존되었다고 대답한 사람. 당신은 가까스로 체면을 차리고 있지만, 사실 몸과 정신이 모두 너덜너덜한 상태입니다.

당신은 자기애가 거의 없는 사람입니다. 우선 운전을 해보면 그 성향이 나타납니다. 엄청난 스피드로 난폭운전. 당신은 마치 지금 당장 죽어도 상관없다는 듯이 난폭하게 운전합니다. 분명 주변 사람들은 당신 옆에 동승하려고 하지 않을 것입니다. 또 당신은 몸에 좋지 않다는 것을 알고 있으면서도 술과 담배를 끊지 않는 사람입니다. 감기에 걸려도 술, 담배의 양을 줄이지 않을지도 모르죠. 그리고 평소 기본적인 양도 평균 이상이라 할 수 있습니다.

당신은 밝은 미래를 상상하면서도 거기에 다가갈 수 없는 자신에게 분노를 느껴 파멸적인 상태에 빠져 있는 것입니다.

그러나 일부 타고 남은 부분이 자기 방이라고 생각한 사람은 마음 한구석에서 파멸적인 자신을 어떻게든 개선하고 싶다고 생각하고 있다고 할 수 있습니다. 지금이라도 분명 늦지 않았습니다. 힘을 내서 술과 담배를 끊도록 노력합시다.

③ 절반 정도

탔다고 대답한 사람

당신은 주위 사람에게도 감기에 걸리면 자기 관리를 할 수 없다고 주의를 주고, 스스로도 항상 건강 관리를 해야겠다고 이야기합니다. 하지만, 말과 행동이 일치하지 않죠. 당신은 술을 마시면 자주 기억을 잃습니다. 그리고는 간판이나 거리에 디스플레이된 물건을 가지고 오는 경우도 있습니다. 집에 돌아온 당신은 이미 만취 상태. 옷을 갈아입지도 않고 소파에 누워 바로 잠들어 버립니다. 다음날 꼭 감기에 걸리고 말죠. 주변 사람들은 그런 당신을 보고 마구 웃습니다.

하지만, 당신은 기본적으로 사랑스럽고 미워할 수 없는 성격이기 때문에 말과 행동이 일치하지 않으면 빈축을 사기는 해도 미움을 사지는 않습니다.

그러나 적당히 하지 않으면 당신은 자포자기 상태에 빠져 있는 것과 다름없어집니다. 유행하는 ○○건강법을 바로 시도하지만, 작심삼일이 되기 십상. 우선은 이것부터 고치자구요.

당신은 마음 속에 일관성 있는 자기애 정신을 품고 있는 사람입니다. 기본적으로 당신은 자신의 라이프스타일을 제대로 확립하고 있어 담배는 하루 몇 개비까지, 술은 하루 몇 잔까지, 아침에는 몇 시에 일어나고 밤에는 몇 시에 소등하는지 등을 정해 건강을 관리하고 있습니다. 한편으로 인간관계도 소중히 여겨 때로는 라이프스타일을 굽혀 친구와 밤새 술을 마시는 경우도 있습니다.

하지만, 그럴 때도 무턱대고 술을 마시지는 않습니다. 시간은 친구와 함께 보내지만, 술을 마시는 양은 자기 페이스에 맞추기 때문입니다.

당신은 설사 감기에 걸려도 사회인으로서 책임감 있는 행동을 할 수 있는 사람입니다. 따라서 한약 등 몸에 좋은 약을 먹고 회사에 출근하죠. 그런 의미에서 당신은 가장 이상적인 자기애 정신을 가지고 있다고 할 수 있습니다. 그 정신을 소중히 여기세요.

⑤ 작은 불로

끝났다고 대답한 사람

발화점인 커튼만 탔다 또는 가구만 타 피해가 크지 않았다고 대답한 사람은 자기애가 흘러 넘치는 사람이라 할 수 있습니다. 당신은 조금이라도 감기에 걸린 것 같은 느낌이 들면 신중을 기해 약을 먹거나 학교와 회사에 가지 않고 안정을 취합니다.

이상할 정도로 민감하게 몸을 챙기고 소중히 여기는 사람이죠. 또 당신은 귀갓길에 동료들과 함께 술을 마시러 가도 계속 시계를 보다 중간에 "내일도 있으니까"라는 말을 남기고 먼저 귀가하는 타입입니다.
즉 오버를 하지 않는 만큼 주변 사람들은 당신을 재미없는 사람이라고 여길 수 있습니다.

본인은 상식적인 수준이라 생각할지도 모르겠지만, 자기 페이스를 전혀 굽히지 않는다는 점은 인간관계에서 마이너스로 작용할 수도 있습니다. 때로는 돌다리를 두들기지 않고 자유롭게 건너는 것도 인간관계를 원활하게 만드는 비결이 아닐까요?

26. 좋아하는 뱃사공은 누~구?

당신은 혼자서 동물 나라를 여행하고 있습니다.
앞에 큰 강이 나타났는데 다리가 없네요.

건너지 못하고 곤란해 하고 있을 때 강 위에서
배가 흘러 내려옵니다.

과연 그 배의 뱃사공은 다음 중
어느 동물이었을까요?

① 곰

② 원숭이

③ 여우

④ 너구리

이 테스트에서는 존경할 수 있는 상사·선배의 타입을 알아볼 수 있습니다. 포인트는 배를 이용하지 않으면 강을 건널 수 없다는 점입니다.

즉 강은 회사에서 발생하는 장애와 트러블을 뜻합니다. 그 장애로부터 구해 주고 지도해 주며 자신의 재능을 이끌어 주는 것은 과연 누구일까. 곰, 원숭이, 여우, 너구리 중 하나를 선택함으로써 상사·선배의 타입을 판단할 수 있습니다. 눈 앞에 나타난 유쾌한 동물인 뱃사공.

당신이 업무 파트너로 선택한 최고의 상사·선배는 어느 동물인가요? 네 가지 패턴을 각각 분석해 봅시다.

수완가
(여우)

두목기질
(곰)

익살꾼
(너구리)

늙은 현자
(원숭이)

당신은 한마디로 "두목기질" 타입의 상사·선배를 만나면 일을 잘할 수 있을 것입니다. 두목이라는 것은 타인을 잘 보살펴 주는 타입. 마음에 들면 전력으로 신경 쓰며 가족의 일원, 형제나 자매, 자식처럼 예뻐합니다. 마음씨가 좋고 업무를 마친 후에도 술자리에 자주 데려가 주기도 하죠. 업무상 세심한 부분은 서툴러도 통솔력이 있어 사람들을 잘 이끄는 힘이 있습니다. 구부러지는 것을 매우 싫어하며 세세하게 계산하지 않기 때문에 일을 잘할 수 있는 것이라고 말하기는 힘들지만 신뢰할 수 있는 사람임은 분명합니다.

예를 들면 만약 당신이 일을 하다 큰 실수를 하면 참고 자기 혼자 그 실수를 처리해 주는 타입이죠. 어쨌든 이러한 타입의 상사·선배는 많은 사람들이 따르기 때문에 폭넓은 네트워크를 가지고 있을 것입니다.

장차 당신이 큰 일을 할 때에도 어느덧 주변에 당신을 지지하고 도와주는 사람들이 많이 있을 것입니다.

② 원숭이를 선택한 사람

당신은 한마디로 "늙은 현자" 타입의 상사·선배를 만나면 일을 잘할 수 있을 것입니다. 사려 깊고 지혜로우며 스스로 앞에 나서지는 않지만 뒤에서 묵묵히 회사를 움직이는 타입이죠. 물론 그 사람이 중역 클래스로, 분명히 그림자에 감추어진 거물이라면 당신은 자신을 선전할 가치가 있습니다.

그 사람 밑에서 일하게 되면 당신의 출세는 틀림없는 일이니까요. 하지만, 실제로 이러한 상사·선배는 머리가 좋은 반면 행동력이 없어 회사에서 출세하지 못하는 사람으로 여겨지는 경우가 많습니다. 그 자신은 이미 출세 가도에서 벗어나 있는 것이죠.

그래도 걱정할 필요는 없습니다. 당신은 그에게 많은 조언을 얻어 행동으로 옮김으로써 평가가 서서히 올라갈 테니까요.

그는 당신이 자신의 조언을 이용하는 것에 대해 결코 화내지 않을 것입니다. 그러니 적당한 거리감을 가지고 알아 두면 좋을 것 같네요.

머리 회전이 빠르고 사내에서 일을 잘한다는 말을 듣는 타입. 당신은 이런 타입의 상사·선배를 만나면 업무적인 재능을 갈고 닦을 수 있을 것입니다. 이 타입은 한 마디로 말하면 "수완가". 차가워 보이기 쉽고 실제로 업무시간 이후에는 시간을 함께 보내기 힘들어 일은 잘해도 인정은 거의 없는 사람이라 할 수 있습니다. 후배를 보살피는 일 따위는 당치도 않으며 자기 길만을 묵묵히 걸어가죠. 따라서 회사에서 상사에게는 인정을 받지만, 동기나 부하들로부터는 좋은 평판을 듣지 못합니다.

그러나 상대는 여우가 아니라 거짓 없는 사람일 뿐입니다. 쓸데없는 말은 하지 말고 업무상 모르는 부분이 있으면 솔직히 물어보는 편이 좋을 것입니다. 그러면 상대도 서서히 당신을 예뻐할 것입니다.

다만, 수완가 타입은 머리 회전이 느린 사람을 싫어합니다. 따라서 스스로 독학을 통해 업무에 대해 공부할 필요가 있겠죠? 그러면 어쨌든 그도 당신은 신뢰하게 될 것입니다.

④너구리를
선택한 사람

사람 좋은 익살꾼. 어수룩하지만 안심하고 알고 지낼 수 있는 상사·선배. 당신은 그런 타입의 상사·선배를 만남으로써 일의 즐거움을 배울 수 있습니다. 이런 상사·선배는 한마디로 "업무시간 이후의 남자" 타입. 성격이 매우 밝아 여자사원 사이에서 인기도 많은 사람이죠. 절대적으로 일을 잘하는 사람은 아니지만, 인간관계가 뛰어나기 때문에 출세 가도에서도 벗어나 있지 않습니다.

또 이런 타입은 업무시간 이후에 후배와 커뮤니케이션하는 것을 소중히 여기기 때문에 술자리를 자주 가집니다. 당신은 그 제안을 받아들여 편안히 휴식하면서 업무에 대한 상담을 받아 보세요. 상대는 부모님처럼 당신의 이야기에 귀를 기울이며 업무의 비결, 요령 등을 가르쳐 줄 것입니다.

상사·선배이지만, 긴장하게 하는 상대가 아니므로 스트레스가 쌓이지 않을 것입니다. 그러면서 당신은 스트레스를 받지 않고 일하는 비결도 자연스럽게 익히게 되겠죠. 다만, 도를 넘지 않도록 주의하세요.

27. 롤러코스터를 탈때 당신의 자리는?

친구들과 함께 놀이공원에 왔습니다.
이번에는 롤러코스트를 타려고 합니다.

당신은 어디에 탔나요?

롤러코스터, 즉 스피드를 즐기는 행위는 감각적인 쾌락, 현기증과 관련된 쾌락입니다. 따라서 이 테스트에서는 현기증과 관련된 쾌락 중 하나인 술에 대한 사랑, 당신의 애주가 성향을 진단할 수 있습니다. 술에 대한 사랑이라고 해서 알코올 의존도를 측정하는 것은 아닙니다.

마음 속에서 술에 대해 어떻게 인식하고 있는지, 체질적으로 잘 마실 수 있는지 없지는 차치하고 기본적으로 술자리를 좋아하는지 싫어하는지에 대한 성향을 체크하는 것입니다.

과연 당신은 지금 롤러코스터의 어느 자리에 앉아 있을까요?

① 가장

앞자리에 앉은 사람

이 자리를 선택한 사람은 취하기 위해 술을 마시는, 술을 마시면 꼭 취해야 하는 타입입니다. 이 타입은 술을 마시면 취하는 것이 당연한 일이기 때문에 함께 마시는 사람은 매우 곤혹스러울 뿐입니다. 즐겁게 마신다면 크게 상관없지만, 술을 마시면 어두워지는 사람은 출입을 금지 당한 가게도 있을 것입니다.
정말 난처한 애주가죠. 주량 이상으로 술을 마시는 것은 몸에 좋지 않습니다.

또 이런 상황에서 계속 술을 마시면 친구도 점점 없어질 것입니다. 당신은 그런 성향이 있다는 것을 가슴 속 깊이 새기고 술자리에서 자제할 수 있도록 합시다.

당신은 술에 취하는 것보다 술자리를 좋아하는 타입입니다. 이런 사람은 설사 체질적으로 술을 한 방울도 마시지 못하더라도 여럿이서 술을 마시면서 왁자지껄하게 수다 떠는 것을 매우 좋아하죠. 본인이 직접 주변 사람들에게 술을 마시러 가자고 제안하지는 않아도 다른 사람이 제안하면 십중팔구 응합니다. 노래방도 아주 좋아하며, 클럽도 싫어하지는 않는 사람이 많을 것입니다.

종류로 말하면 와인, 소주는 마실 수 있지만, 위스키는 못 마시는 타입. 이런 사람과 함께 마시면 경제적입니다.

자리는 매우 즐거운데다 상대는 술을 그렇게 많이 마시지 않기 때문에 경제적으로 술을 즐길 수 있는 것이죠.

③ 정중앙에 앉은 사람

다섯 자리 중에서 제일 가운데는 가장 자극이 적은 곳. 이 자리를 선택한 사람의 심경은 롤러코스터를 타기 싫다, 혼자라면 절대 타지 않을 것이다, 무섭다는 생각으로 가득합니다. 이는 술에 적용해도 마찬가지입니다.

술자리는 되도록 피하고 싶다, 혼자라면 결코 마시지 않을 것이다, 항상 이렇게나 마시면 대체 어떻게 되는 거지라며 마음 속으로 술을 완강히 거부하고 있죠. 술을 잘 마시지 못하기 때문에 어떻게 해도 피할 수 없을 때는 우롱차를 위스키인 양 마십니다.

이런 타입에게는 술을 무리하게 권유해서는 안됩니다.

술을 그렇게 좋아하지는 않지만, 술자리에는 일단 의리상 얼굴을 내미는 타입입니다. 술은 살짝 즐기는 정도. 술을 함께 마시러 가도 상대를 불쾌하게 하지는 않습니다. 다만, 의리상이라고 스스로 타이르며 마시는 타입이기 때문에 기본적으로 술을 잘 마시지는 못합니다. 따라서 동석했을 때 무리하게 마시라고 권하거나 취하지 않는 편이 좋습니다. 하지만, 사적인 자리에서는 약간 다를 수도 있습니다.

여름에는 목이 마르다는 이유로 맥주를 물처럼 마실지도. 애인이 이 타입이라면 집에서 술을 마시는 것이 당신을 여유롭게 만들어 줄 것입니다.

편안

⑤ 가장
뒷자리에 앉은 사람

이 자리를 선택한 사람은 술에 꽤 정통한 타입. 근본적으로 술을 매우 좋아하며, 술에 빠지는 것이 얼마나 무서운 일인지도 잘 알고 있습니다. 따라서 자신의 페이스를 파악한 상태에서 술을 마실 수 있습니다. 이 정도 마시면 어떻게 되겠다는 상황을 판단할 수 있어 약간 거나한 상태를 유지할 수 있는 것이죠. 이런 타입은 귀갓길에 혼자서도 단골 가게에 들르곤 합니다. 취미가 술이라고 할 수도 있겠네요.

종류로 말하면 와인, 양주, 소주, 주량을 잘 알고 있는 이런 타입의 사람과 술을 마시면 안심하고 취할 수 있기 때문에 즐거운 술자리가 될 것입니다.

28. 표류된 보트에 사람은 모두 몇 명일까?

당신은 엄청난 부자입니다.

오랜만에 떠난 장기 바캉스.

당신은 대형 크루저로 태평양을 여행하고 있습니다.

그러던 중 맞은 편에서 표류된 보트가 나타났습니다.

그 보트에는 과연 몇 명이 타고 있을까요?

① 1명

② 2~3명

③ 4~6명

④ 7~10명

⑤ 11명 이상

이 테스트를 통해서는 당신의 박애 정신을 파악할 수 있습니다. 표류한 보트에 과연 몇 명이 있을까. 그 수가 많을수록 당신은 평등하게 많은 사람을 사랑할 수 있는 것입니다.

많은 사람을 사랑한다고 하지만, 난교 성향을 알아보려는 것은 아닙니다. 순수한 의미에서의 박애 정신을 알아보기 위함이죠. 즉 당신의 박애 정신은 보트에 있는 사람 수와 비례한다고 할 수 있습니다.

용량은 1명부터 무한대까지 총 다섯 그룹으로 분류했습니다.
과연 당신은 보트에 몇 명이 있다고 생각했을까요?

① 1명이라고
대답한 사람

보트에 단 한 명이 있었다고 대답한 당신. 당신은 자기자신의 생활에 집중하느라 타인에 대해 생각할 여유가 없는 타입. 즉 박애 정신은 전혀 없습니다. 이기주의적인데다 타인에 대한 차별이나 편견도 강한 사람으로, 바로 앞에서 모금운동을 하고 있어도 전혀 눈에 들어오지 않는다는 듯이 옆을 지나쳐 버립니다.

앞으로 세계는 점차 글로벌화가 진행되어 사회 문제가 더욱 다양해질 것이 확실합니다. 그렇게 되면 나는 나, 너는 너라는 사상이 통하지 않겠죠. 시대가 어떻게 변할지 알 수 없지만, 그래도 조금은 세상의 흐름을 눈여겨보고 세상의 모든 부조리한 사건에 대해 문제의식을 가질 필요가 있다고 생각합니다.

자신에게도 언젠가 타인의 도움 없이 살아갈 수 없는 날이 올지도 모릅니다. 따라서 주변 사람을 친절하게 대하는 것이 중요하겠죠. 우선은 신문 정독부터 시작합시다.

당신은 인간이란 서로 도우며 살아가야 하는 존재라는 사실을 머릿속으로 이해하고 있지만, 실천하고자 하면 용기가 나지 않는 타입입니다. 예를 들면 연말에 구세군이 모금해주십사 다가왔을 때 옆 사람이 돈을 넣으면 자기도 넣지만 혼자서는 넣지 않는 타입. 소극적이지만 박애 정신은 다소 있는 듯합니다. 그러나 이는 역으로 생각하면 옆 사람이 인종차별을 하면 그것을 따라 배운다는 것. 박애 정신이 있다고 해야 할지 없다고 해야 할지 애매하군요.

자기중심적인 생각은 버리고 세계나 사회에 대한 문제의식을 더욱 심화시키도록 합시다. 아무것도 모르면 자기만의 의견을 가질 수 없습니다. 또 자신의 의견이 없으면 개인주의라는 틀에도 들어갈 수 없습니다.

모금운동도 여러 형태이기 때문에 일률적으로 단언할 수는 없지만, 우선 자선냄비에 돈을 넣어 보는 것이 어떨까요?

③ 4~6점이라고
대답한 사람

당신의 박애 정신은 평균적이라 할 수 있겠네요. 곤란에 처한 사람을 발견하면 당신은 바로 손을 내밀 수 있습니다. 인종차별이나 국제문제에 대한 문제의식도 가지고 있습니다. 거리에서 모금활동을 하는 모습을 보면 잔돈을 꺼내 넣을 용기도 있습니다. 그리고 세상에 조금이라도 도움이 되고 싶다고 생각하는 사람입니다.

하지만, 평균적인 박애 정신은 아직 소극적입니다. 관심은 가지고 있지만, 스스로 적극적으로 봉사활동에 나서지는 않죠. 가까운 곳부터 살펴보면 당신의 용기와 협력을 기다리고 있는 사람이 많이 있을 것입니다. 우선은 가까운 곳에서부터 시작해 보도록 합시다. 주민센터의 게시판 등을 주의 깊게 본 후에 먼저 지역의 봉사활동에 협력해 보는 것이 어떨까요? 노인이나 복지문제 등은 나와 상관없다고 생각하는 사람이 있을지 모르겠지만, 언젠가는 본인의 문제가 될 수도 있는 것입니다.

모두 박애 정신을 기르기 위해 노력합시다.

당신의 박애 정신은 제법 훌륭하다고 할 수 있습니다. 만약 당신의 눈 앞에 빵이 하나 있는데 오늘의 식사가 그 빵뿐이라고 하면 당신은 분명 그 빵을 여러 조각으로 나눠 가족과 주변 사람들에게 나눠줄 것입니다. 물론 자신의 몫도 잊지 않지만, 당신은 이 정도로 박애 정신이 흘러 넘치는 사람입니다.

인류는 모두 형제. 곤경에 처한 사람을 발견하면 당신은 가만히 보고만 있을 수 없습니다. 손을 내밀 뿐만 아니라 그때 당신이 할 수 있는 모든 일을 상대를 위해 해줄 수도 있습니다. 또 복지활동에 대한 의욕도 높아 적극적으로 활동에 참가합니다. 즉 당신은 나라는 개인을 확실히 가지고 있으면서 균형 있게 사회에 순응하고 있는 것이죠. 앞으로 시대는 점차 당신과 같은 사람을 원할 것이라고 생각합니다.

완성된 박애 정신이 더욱 발휘될 수 있도록 당신의 장점을 앞으로도 소중히 여기세요.

⑤ 「평애생이라고 대답한 사람」

당신의 박애 정신은 최상위 클래스입니다. 당신은 세계 각지에서 일어나고 있는 부조리한 사건에 대해 항상 분노를 느끼고 있죠. 그리고 약간의 계기만 생기면 가족을 신경 쓰지 않고 해외봉사까지 떠날 수 있는 정도입니다.

또한, 당신은 학교와 지역에서 진행되는 봉사활동에 매우 적극적으로 참여할 뿐만 아니라 앞장서 활동을 지원하기도 합니다. 당신의 박애 정신은 100점 만점에 300점이라 해도 과언이 아닐 듯한데요. 이런 당신에게 박수 말고는 보낼 것이 없겠지만……. 가족을 고려하지 않고 봉사활동을 하는 사람은 사실 가족에 대한 배려가 부족하다고도 할 수 있지 않을까요? 당신 주변에는 당신을 걱정하는 사람들이 있을 것입니다.

그리고 자기자신이 무리하지 않는 곳에서 봉사활동에 참여하는 것이 진정한 박애정신이 아닐까요

29. 한밤에 발생한 지진으로 몇명이 죽었을까요?

밤에 혼자 자고 있는데 갑자기 지진이 발생했습니다.

지금껏 경험한 적 없는 큰 지진입니다.
TV에서는 각지의 피해상황과 희생자의 모습이
나오고 있습니다.

며칠 후, 당신의 지인은 몇 명이 죽었을까요?

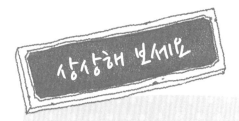

상상해 보세요

① 모두 무사했다

② 1명

③ 2~3명

④ 4~9명

⑤ 10명 이상

이 테스트에서는 주변 친구와 동료에 대한 애착도를 알아볼 수 있습니다.

포인트는 죽었다고 생각한 사람의 수입니다. 저 사람도 이 사람도 모두 죽어버린 것은 아닐까 생각한 사람은 언뜻 인정이 박한 사람으로 생각될 수 있지만, 실제로는 반대입니다. 주변 사람에 대한 애착이 깊을수록 지인, 친구, 동료를 잃을 공포심 때문에 죽은 것은 아닐까 생각하게 되는 것이죠. 반대로 죽었다고 생각한 사람 수가 적을수록 분명 모두 괜찮을 것이라고 가볍게 여기며 주변 사람에 대해 걱정하지 않는 것입니다.

더구나 자기 주변인 중에 죽은 사람은 전혀 없다고 대답한 사람은 나의 길을 가련다는 타입으로, 상당히 정이 박한 사람. 과연 당신은 몇 명을 떠올렸을까요?

① 모두 무사했다고
대답한 사람

내 주변의 소중한 사람들이 죽었다니 상상할 수 없다며 모두 무사했다고 생각한 사람은 사실 인정이 박한 사람입니다. 그러나 그것이 꼭 나쁘다고 할 수만은 없습니다. 대인관계가 깔끔하다는 것으로 생각하면 말이죠. "군자는 교제를 끊더라도 결코 남의 험담을 하지 않는다"는 말도 있습니다.

생각이 확고한 사람일수록 타인과 관계가 멀어져도 결코 그 사람의 욕을 하지 않습니다. 중학생, 고등학생이라면 모르겠지만, 요즘에는 사회인이 되어서도 누군가와 화장실을 함께 가거나 혼자 휴일을 보내지 못해 대수롭지 않은 이유로 항상 누군가와 함께 있는 사람이 많은 시대이기 때문에 거리를 두고 친구나 동료와 사귀는 성격은 훌륭하다고 할 수 있습니다.

당신은 이미 정신적으로 자립한 상태인 진실하고 훌륭한 사람. 다만, 인정이 박한 것도 사실입니다. 타인에게 간섭 받거나 친구와의 동거 같은 일은 분명 싫어하겠죠.

'하필 그 사람이!'라며 단 한 명만을 떠올린 사람. 그 사람은 누구인가요? 죽은 사람의 수가 1명이라고 대답한 사람은 인정이 박한 사람이라 할 수 있습니다. 그러나 그런 당신이 떠올린 한 명이기 때문에 그 사람은 당신에게 아주 소중한 사람인 것으로 분석할 수 있죠. 의외로 잊고 지냈던 옛 애인, 소식불통이 된 옛 친구, 신세를 졌던 은인 등이 갑자기 떠오르지 않았나요? 그 사람은 지금 당신을 마음 어딘가에서 지탱해 주고 있는 사람일지도 모릅니다.

또한, 당신은 대인관계에서 제법 쿨한 태도를 취하는 타입입니다. 친구가 전화를 하면 이야기는 들어 주지만, 스스로 용무도 없는데 전화를 거는 일은 거의 없습니다.

또 사이 좋은 친구가 있어도 그렇게 자주 만나지는 않습니다. 쿨한 것이 결코 나쁜 것은 아니지만, 인간관계가 좁아질 수 있다는 점 유의하세요.

③ 2~3명이라고
대답한 사람

곳곳에서 빌딩이 무너져 사망자가 많이 나온 지진입니다. 당신의 지인이나 친구도 분명 몇 명인가 죽었겠죠. 2~3명이라고 대답한 사람의 애착도는 지극히 평범하다고 할 수 있습니다. 당신은 과거에 애착을 가지고 귀여워했던 후배가 몇 명 있겠죠? 또 길거리에 버려진 개나 고양이를 보면 불쌍하다는 생각이 들어 몇 번이나 집에 데리고 간 적도 있을 것입니다. 이런 타입은 혼자 살게 되면 직접적으로 외롭다고 말할 수 있는 사람입니다.

따라서 집에서 가족과 함께 살고 있을 것이 분명합니다. 서로 도움을 주고 받으며 생활하는 것이 인간이라 생각하고 있죠. 그런 당신은 나이가 들면서 자연스럽게 결혼을 하고 싶은 마음이 생겨 평균 연령에 결혼을 합니다. 언제까지나 독신으로 살 수 없다 생각하고 있죠. 균형 있는 애착도를 가지고 있는 당신은 우정도 자연스럽게 키워갈 수 있습니다.

관계가 소원해진 친구에게도 1년에 한 번 정도 전화를 걸어 우정을 지속시킬 수 있을 테니까요.

4~9명이라고 대답한 사람은 인정이 많은 타입이라 할 수 있습니다. 이런 타입은 그 중에서 1명을 꼽아 달라고 하면 분명 친구의 친구의 친구, 별로 가깝지 않은 사람의 이름을 말할 것입니다.

왜냐하면 정이 많기 때문에 정말 친한 사람의 죽음을 입에 올리지 못하는 것입니다. 따라서 애매하게 친한 사람은 피하고 약간 알고 지내는 정도의 사람을 말하게 되는 것이죠. 마음 속에서는 친형제, 친한 친구, 애인의 얼굴이 떠오를 테지만. 또 이 타입은 동물과 가족에게도 매우 친절한 사람입니다. 유기견이나 유기묘를 보면 당장 데려가고, 바로 애착이 생기기 때문에 곧 가족의 일원으로 만들어 버립니다.

또한, 당신은 결혼해도 부모님에 대한 사랑이 깊어 부모님과 동거를 하거나 부모님의 집에 자주 들릅니다. 하지만, 조심하세요. 정이 너무 깊으면 나이가 들어도 자립하지 못하는 응석꾸러기가 될 수도 있습니다.

⑤ 10명 이상이라고
대답한 사람

10명 이상이라고 대답한 사람은 이 사람 저 사람 구분 없이 애정을 가지는 타입입니다. 붙임성이 좋아 한번이라도 만난 사람은 모두 친구로 여깁니다. 친구가 푸념을 늘어 놓으면 그 원인은 무엇인지, 어떻게 하면 좋을지 상담을 해줍니다. 연말연시에는 파티로 스케줄러가 가득 찹니다.

하지만, 당신의 대인관계에 대한 애착은 간혹 예상이 빗나갈 때가 있습니다. 친구의 이야기를 상담해 주다 서서히 도를 지나쳐 상대가 침범 당하고 싶어하지 않는 영역까지 파고들기 때문이죠.

또 애인이든 친구든 일단 누군가를 좋아하게 되면 아주 깊숙이 파고듭니다. 본인에게는 그것이 당연한 일이라도 상대는 집요하다고 생각할 수 있습니다. 너무 과도하게 남을 간섭하거나 애정을 쏟아 붓는 것은 좋지 않습니다. 모든 일은 적당히!

30. 강 위에서 떠 내려온 것은……?

옛날옛적 한 마을에 할아버지와 할머니가 살고 있었습니다. 할아버지는 산에 나무를 베러, 할머니는 강에 빨래를 하러 갔는데…… 커다란 바구니 안에 무엇인가 함께 떠내려오는 것이엇습니다.
과연 그것은 무엇일까요?

① 바구니에 탄 난쟁이

② 작은 배에 탄 알프스 소녀 하이디

③ 펩시 뗏목에 탄 마이클 잭슨

④ 구명보트에 탄 ET (외계인)

COMMENTARY

이 테스트에서는 당신이 인종 등을 뛰어넘어 모든 사람을 사랑할 수 있는지, 즉 인류애를 진단할 수 있습니다.

강에서 흘러내려 온 것으로 본인과 밀접하지 않은 사람을 선택한 사람일수록 인류애가 있다고 할 수 있습니다. 모든 사람을 사랑하는 능력을 가지고 있는 것이죠. 그리고 국제감각의 유무를 판단할 수 있는 기준이 되기도 합니다.
하지만, 이 진단이 전부라고 할 수는 없습니다. 물론 국제감각은 개개인의 생활환경 등을 통해 갈고 닦아지고 길러지기 때문에 더욱 더 큰 인류애를 가지게 될 수도 있습니다.

난쟁이라는 캐릭터는 일본인을 나타냅니다. 만약 당신이 일본인이라면 바구니에 탄 난쟁이는 가장 밀접한 존재라 할 수 있습니다.

따라서 당신의 인류애는 결코 넓다고 할 수 없겠네요. 예를 들면 당신은 가까운 친구나 형제가 국제결혼을 결심하면 반대할 타입입니다. 문화가 다른 외국인과 결혼하다니 있을 수 없는 일이라며 무작정 반대를 하는 고지식한 사람. 그렇다고 해서 외국인에게 편견을 가지고 있지는 않습니다.

하지만, 주변 사람들을 납득시킬 수 있을 정도로 국제결혼을 반대하는 이유를 말하지 못하면 당신의 인간성은 의심 받게 될 것입니다.

②를 선택한 사람

알프스 소녀 하이디는 백인 여자. 당신은 국제감각이 약간 있지만, 그래도 아직 고전적인 생각을 가진 사람이라 할 수 있습니다. 그 이유는 일본인에게는 외국인=백인이라는 의식이 뿌리 깊게 남아있기 때문입니다. 따라서 당신의 국제감각은 아직 발전하고 있는 단계라 할 수 있습니다.

당신은 미국, 유럽, 호주 등으로 배낭여행을 떠날 수 있기는 하지만 혼자서는 절대 가지 못하는 타입입니다.

당신은 마음 속으로 인종에 대한 편견을 가지고 있지 않나요? 외국인=백인이라고 생각해서는 안됩니다. 더욱 더 국제감각을 길러 보세요.

당신은 차별 없이 모든 인류를 사랑할 수 있는 심장을 가지고 있습니다. 예를 들면 당신은 외국어를 하지 못해도 외국인이 길을 물어보면 바디랭기지를 이용해 대답하고자 하는 친절한 사람입니다.

또 세계 각국을 혼자 여행하려고 하는 용기도 있습니다. 인류는 모두 형제. 치안이 나쁜 나라라는 말을 들어도 같은 사람이므로 분명 여기저기에서 멋진 만남이 기다리고 있을 것이라 믿고 있죠. 당신의 넓은 인류애는 분명 칭찬할 만한 가치가 있습니다.

그러나 혼자 떠나는 여행은 어디에서나 항상 위험이 따를 수 있습니다. 혼자 외출할 때는 세심한 주의를 기울이는 것이 중요하겠죠?

당신은 모든 생명체를 사랑할 수 있는 깊은 인류애 이상의 것을 가지고 있는
사람입니다. 예를 들면 눈 앞에 외계인이 나타나도 당신은 분명 놀라지 않을
것입니다. 생명이 있는 것은 평등하게 사랑한다. 당신은 그 정신을 실천할 수
있습니다.

또 매우 국제적인 사상을 가진 사람입니다. 자국 문화의 훌륭함, 자국민의 장점
을 충분히 숙지한 후 외국에서 배울 수 있는 정신과 문화를 받아들일 수 있죠. 또
당신은 사람과 마찬가지로 동물, 식물, 지구에게도 애정을 쏟을 수 있습니다.
친절한 마음, 커다란 사랑, 당신의 장점을 소중히 여기세요.